医药经贸管理专业导论系列教材

U0674246

信息管理与信息系统专业导论

钱爱兵　主编

东南大学出版社
SOUTHEAST UNIVERSITY PRESS
·南京·

内容简介

本书作为信息管理与信息系统专业大学本科第一学期所用之教材,从信管专业的沿革与发展、培养目标及人才素质要求、学科基础、专业课程体系、教学安排及学习方法、毕业与就业及继续教育、专业学习辅导这七大方面进行论述,旨在使学生在入学初期就对本专业从产生、发展、研究对象、研究内容、学科基础、学习方法、所要解决的问题,以及专业领域的名人、名著、名刊有一个初步的、概括性的了解,进而明确本专业的意义所在,以及毕业后的就业前景和进一步深造学习的专业。

图书在版编目(CIP)数据

信息管理与信息系统专业导论 / 钱爱兵主编 . —南京 : 东南大学出版社,2014.11

医药经贸管理专业导论系列教材 / 田侃主编

ISBN 978 - 7 - 5641 - 5240 - 6

Ⅰ.①信… Ⅱ.①钱… Ⅲ.①信息管理 – 高等学校 – 教材②信息系统 – 高等学校 – 教材 Ⅳ.① G203 ② G202

中国版本图书馆 CIP 数据核字(2014)第 229488 号

信息管理与信息系统专业导论

出版发行	东南大学出版社	
出 版 人	江建中	
社　　址	南京市四牌楼 2 号(邮编 210096)	
印　　刷	兴化印刷有限责任公司	
经　　销	全国各地新华书店	
开　　本	700 mm × 1000 mm　1/16	
印　　张	10.5	
字　　数	170 千字	
版　　次	2014 年 11 月第 1 版　2014 年 11 月第 1 次印刷	
书　　号	ISBN 978-7-5641-5240-6	
定　　价	22.00 元	

* 东大版图书若有印装质量问题,请直接与营销部调换。电话:025-83791830。

医药经贸管理专业导论系列教材
编写委员会

《信息管理与信息系统专业导论》
编写委员会

主　编　钱爱兵

副主编　谢　靖

编　委　（以下按姓氏笔画排序）

刘艳华　李湘君　李湘娟　宋慧勇　钱爱兵

谢　靖　潘　芳

序

我国的高等学校分为研究型大学、教学型大学和应用型大学。目前,综合性的院校立足于建设研究型大学,普通高等院校偏向于建设教学型大学,职业技术高校的侧重点在建设应用型大学。传统的本科教育一直注重理论教学,这种教育模式使得学生缺乏实践能力。中医药教育同时兼备了研究、教学与应用的综合性学科,南京中医药大学为了建设一流的中医药大学,将理论性和实践性结合,推出了专业导论系列教材。

本套经管类专业导论系列教材是我校经贸管理学院组织教学科研一线教师精心编写的本科专业课程指导教材。本套教材首次作为各个专业的指导教材,凝结了教师多年的教学经验,立足于专业角度对课程进行全面而系统的概括。

教材着眼于新生专业课程的入门教育,希望专业导论的开展能够使学生对专业学习有一个宏观的把握,更好的了解专业课程设置的背景和目的,了解本专业中的教学要求以及存在的问题,树立正确的专业认知,教材同时对学科的发展脉络进行了梳理,能够对学生今后的学习和就业提供一定的指导和借鉴。

本套教材有如下基本特点:

1. 专业区分明确   本系列教材主要包括公共事业管理专业导论、药事管理专业导论、国际经济与贸易专业导论、电子商务专业导论、信息管理与信息系统专业导论、市场营销专业导论等。每本教材严格按照国家教育部专业目录基本要求和学校的专业培养目标编写,更加突出培养人才的专业性趋势,更加具有社会竞争的优势。

2. 注重基础把握 在高等中医药院校中,经济管理类专业属于交叉学科,也属于边缘学科,以往的教材侧重于对专业整体导向的把握,对中医药却少有涉及。本套系列教材结合中医药特色,充分研究论证专业人才的素质要求、学科体系构成,旨在培养适应社会主义现代化和中医药发展需要,同时具备中医药基本理论、基本知识、基本技能的专业人才。

3. 重视能力培养 为了提高学生专业能力而设置的专业导论,在课堂讲授的同时,设置也一定量的练习题,使学生能够更好的挖掘学习资源,提高学生自主学习和探索的能力。同时在一些课程中增加了实际案例,更具有趣味性和实用性,以进一步培养学生的专业素养。

4. 适用教学改革 按照高等学校教学改革的要求,专业导论本着精编的原则,切实减轻学生负担,全套教材在精炼文字的同时,更加注重提高内容质量,根据学科特点编写,更加切合学生学习的需要。

当前国内尚未出版对专业教学的指导教材用书,本套系列教材也是摸着石头过河的探索,我赞赏我校经贸管理学院老师的认真负责的态度和锐意创新的精神,欣然应允为本套教材作序。

黄桂成

2014 年 9 月

前　言

目前,高考的专业志愿填报仍然难以摆脱"先结婚后恋爱"的模式。众所周知,对专业的深入了解是建立在系统的专业知识学习基础之上,但是传统的高校教学过程所遵守的基本原则是:学生先选择专业,再进行专业课程学习,而且学习的顺序严格按照基础课—专业基础课—专业课—毕业设计(论文)逐步递进。毫无疑问,这样的学习过程其主流是科学合理的,但是也存在一些问题。诸如:学生长期陷入具体的课程和章节之中,缺乏对专业的全面了解,这种情况犹如没有地图迷失在丛林中,只见一棵棵树木而不见森林全貌,只见脚下路径而不辨前进方向。带来的直接后果是:部分学生的专业信念不坚定,专业思想不牢固,在学习了一两年的课程后,却坚决要求转换专业。

针对这一问题,编者所在的南京中医药大学决定在各个专业的第一学期开设专业导论课程,专门解决学生对专业的困惑问题,使学生建立起对本专业比较全面的、概括的认识。专业导论课程的开设深受学生欢迎,经过长期的教学实践,不断总结经验和教训,各专业都形成了本专业比较成熟的专业导论课程。

本书的编写目的正是要告诉信息管理与信息系统专业(以下简称信管专业)的本科生:信管专业起源于何时何处,历史沿革与发展怎样,有哪些培养目标,学科基础是什么,开设哪些专业课程,如何学好这些课程,毕业后的就业方向如何,进一步深造的上位专业有哪些,本专业领域有哪些名人、名著、名刊和相关网站等。因此,本书完全可以当作闲暇时的科普读物来读。

浏览一下本书的目录,你可以发现本书分为七章:第一章是信管专业的沿革与发展,包括:学科定位、学科结构、与相邻学科的关系,国内外的发展概况,医药院校信管专业的发展概况、办学方向、培养目标和专业特色。第二章介绍了信管专业培养目标及人才素质要求,包括:教育部对信管专业培养目标的定位,国内有代表性高校的信管专业的培养目标;信管专业人才素质结构;医药类院校信管专业人才培养上的特点及人才素质的要求。第三章是信管专业的学科基础,包括:学科的理论范式、研究方法、研究内容,信管专业的发展历程及未来发展趋势。第四章系统介绍了信管专业的课程体系。第五章阐述了信息专业的教学安排和学习方法。第六章介绍了信管专业的毕业要求、就业前景,专业相关资证考试,进一步深造的方向。第七章是信管专业的学习辅导,主要详细介绍本专业的专业名人、专业著作、专业刊物以及专业网站。通过本章的学习,可以熟悉信管专业的知名学者,知晓本专业的大致研究领域和方向;熟悉本专业的教材著作,拓展学科知识的广度和深度;熟悉相关的专业刊物和网站,了解本专业最新的发展动态和趋势,为专业学习打下坚实的基础。

本书的编者均是长期从事信管专业课程教学科研工作第一线的教师。为了本教材高质量地完成,所有参加编写人员经过多次讨论和交流,在交流中碰撞出火花,对问题产生出更深刻的理解。本书具体分工如下:钱爱兵构建本书框架,撰写第一章;其他章节的完成者:第二章,李湘君;第三章,潘芳;第四章,李湘娟;第五章,宋慧勇;第六章,刘艳华;第七章,谢靖。钱爱兵对全书进行了认真的审阅和修改。

在本书编写过程中,参考了许多国内外专家的相关文献,编者所在单位的领导及同仁给予了大力支持,在此特向他们表示诚挚的感谢。

本书的所有编者均是带着最大的诚意并付出了最大的努力来编写该书,我们希望本书能成为信管专业的本科生进入信息管理领域的一把钥匙,能激发您深入探索信息管理的兴趣和热情,时刻秉持"信自己,管天下"的专业理念。如果能做到这一点,我们的编者就已经很欣慰了。

由于编者水平有限,书中出现错误和疏漏之处在所难免,恳请读者评判指正。

钱爱兵

2014 年 7 月于南京

目　录

第三章　信息管理与信息系统专业的学科基础

第四章　信息管理与信息系统专业课程体系

第五章 信息管理与信息系统专业教学安排及学习方法

第六章　毕业与就业及继续教育

第七章 信息管理与信息系统专业学习辅导

>>>>>> 第一章

信息管理与信息系统专业的沿革与发展

第一节　信息管理与信息系统专业及其相关学科

一、学科定位

信息管理与信息系统学科是一门集信息技术与管理科学于一体的交叉学科。一般来说,交叉学科总是通过若干不同传统领域的相互作用、相互联系在衔接处产生。计算机及其他现代信息技术属于传统的工科领域,而信息管理在我国则属于管理学领域。科学技术发展的最终目的是为人类的生产、生活和文明进步服务,高速发展的信息技术自然要广泛地应用到信息管理中来。在信息管理中应用现代信息技术,自然就产生了信息管理与信息系统这一新兴的交叉学科。

一门学科的产生与发展,基本动因不外乎两个方面:一是学科发展的内在逻辑;二是社会发展的需要。对于信息管理与信息系统这样一门年轻的学科来说,其学科发展的内在逻辑是信息管理与信息系统学科创生的必要条件,社会的需要是信息管理与信息系统学科发展的充分条件,信息管理与信息系统学科正是产生于二者交汇点。社会发展呼唤信息管理的进步与创新。信息管理在经济和社会发展中的作用提高,加速了信息管理与信息系统学科的出现。从一定意义上来说,科学技术能否顺利转化为生产力,在一定程度上取决于信息管理活动的科学性与合理性。在西方发达国家兴起于 20 世纪 60 年代的信息管理与信息系统学科,经历了几十年的快速发展之后,现在已经形成一定的理论框架体系,成为管理学与经济学重要的分支学科之一。创建信息管理与信息系统学科是社会发展的必然要求。

从宏观的学科范围来看,信息管理与信息系统学科是一门介于计算机科学与管理科学之间的边缘学科,其研究对象是信息的管理效果,计算机技术与管理科学的相互促进、相互制约的关系,通过信息管理手段、职能为信息用户做出合理化决策提供依据,从而将信息管理的先进性和信息管理的科学性统一起来。

二、学科结构

信息管理学是研究科学地组织信息管理工作的理论与应用方法的一门学科。它与信息学等学科是交叉学科,同时又是管理学的子学科。另外,作为独立的学科,它的理论研究相对落后于应用研究。因此,人们将信息管理学的内容结构分为两个层次:基础理论与应用理论。与此对应,将信息管理学分为理论信息管理学和应用信息管理学。

通过学科之间的相互渗透、融合建立新学科,已经成为学科发展的一个重要途径。在管理科学发展相对成熟、高新技术大规模应用的今天,处于管理科学与信息技术学交叉区域的信息管理学成为二者发展的必然产物。信息管理与信息系统学科的构建在一定程度上延伸了管理科学的研究层面,使得管理理论、思想渗透到信息活动中,实现从信息活动角度审视人的社会管理活动,探索信息管理领域带有共性的管理问题。

1. 理论信息管理学科

理论信息管理学科的主要研究内容包括信息管理的基本理论和信息科学理论。信息管理的基本理论主要研究信息管理的定义、特征、分类、范畴、基本功能等,还包括信息管理的原则、方法、体系结构以及信息管理的计划、组织、领导控制、信息管理的形成和发展等。信息科学理论主要研究信息的本质、信息的运动规律、利用信息进行控制和优化的原理等,其主要支柱是信息论、系统论和控制论。

2. 应用信息管理学科

应用信息管理学科主要从企业信息管理、政府信息管理、信息生产管理、信息系统管理和信息产业管理等 5 个方面开展研究。

（1）企业信息管理　主要研究如何利用现代信息技术对企业生产经营过程中各环节所涉及的信息进行收集、整理、分析和利用,配合企业的人、财、物,实现企业的目标。

（2）政府信息管理　主要研究政府部门的信息管理、信息化和自动化等。

（3）信息生产管理　主要研究信息产品的开发和生产的理论和方法,包括信息的采集、鉴别、筛选、整序、激活、存储、传播的机制和方法。

（4）信息系统管理　主要研究信息系统的分析、设计、实施、评价和维护,组织信息资源的配置,信息系统管理与组织竞争战略的关系等。

（5）信息产业管理　主要研究信息产业的产业发展和管理模式、产业政策、产业立法、传统产业信息化,以及产业结构、产业关联、产业组织等产业经济问题和产业管理的关系问题等。

一个完整的学科知识体系结构是由一些基本的知识单元、知识板块、基本理论、应用领域等要素有机构成的,最初是相关的基本要素形成一定的学科结构,在这个学科结构的基础上构建较为完整的知识体系,从而形成一门独立的学科。在现代学科飞速发展的今天,一些独立的学科有可能再作为另外一门学科的基本要素去构建新的交叉学科。信息管理与信息系统学科发展正是符合这一规律,在信息管理与信息系统完整的学科体系没有构建起来之前,其分支学科相对活跃,一些分支领域学科经过发展之后又成为构建信息管理与信息系统学科的基本要素。

三、与相邻学科的关系

教育部认为信息管理与信息系统学科的基础构成是：现代管理科学（现代管理的基本概念和原理），现代信息科学与信息技术（掌握技术手段的使用），现代系统科学与系统工程（提供系统思想和方法）。在划分与"管理科学"的关系时，由于考虑到信息管理是现代管理中的一个具有普遍意义的重要方面，本专业需将管理科学作为自己的学科基础之一，但与"管理科学"的区别在于本专业的重点是"信息"管理，并且要大量使用现代信息技术来管理。

第二节　信息管理与信息系统专业的产生与国内外发展

1998年，教育部颁布的"普通高等学校本科专业目录和专业介绍"将1994年目录的"经济信息管理"、"科技信息"、"信息学"、"林业信息"和"管理信息系统"合并为"信息管理与信息系统专业"。据不完全统计，国内设有信息管理与信息系统专业的有170多所院校，各类学校均有各自的历史渊源及科学特点。综合性、实用性、先进性的交叉学科特性为不同学科信息管理与信息系统专业的学科发展留有余地与发展空间。

一、国外发展情况

早期的企业管理，都是靠花费大量的人力、物力进行信息的管理，过程既长又繁琐，缺少灵活性和永久性，不能适应突变的信息或适时的查询。而计算机信息管理技术彻底改变了传统的管理和记录的方式，它既具有及时性，又具有系统性，可以在短时间内完成信息的分类和编辑，还可以及时地反馈和方便地修改,彻底地实现了无纸管理和系统规划。

20世纪50年代人们就开始尝试使用计算机来辅助管理,这是管理信息系统早期的形态,这时的信息系统称为电子数据处理系统(Electronic Data Processing, EDP)。60年代,信息系统突破了传统的数据处理的范围,形成了独特的理论并创建了成功的范例。

信息管理与信息系统专业的起源可以追溯到20世纪60年代末。1967年第一个管理信息系统(MIS)专业在美国明尼苏达大学建立,在专业教育产生初期,具有影响力的人物是明尼苏达大学卡尔森管理学院的著名教授Gordon B. Davis,他认为这门学科是一个利用计算机系统软件和硬件,手工作业、分析、计划、控制和决策模型以及数据库,它能提供信息支持企业或组织的运行、管理和决策功能。1968年开始有一些关于信息系统和信息管理的文章发表,管理信息系统一词开始流行。第一个教师小组的成立和学科专业方向的形成,引发了管理信息系统的第一个浪潮。管理信息系统具有交叉学科的性质,是计算机科学、管理科学及行为科学等学科的交叉组合。

20世纪70年代初有了第一批管理信息系统的博士生,管理信息系统专业迅速扩展,众多院校纷纷设立管理信息系统计划。20世纪70年代末至80年代初是管理信息系统走向成熟和全面发展的时代。全球范围内已有一批学校中设立了管理信息系统专业,其中侧重理论研究的有 Massachusetts Institute of Technolopy(MIT)和 Harvard,侧重管理的有 University of Minnesota(UMN)和 Indiana University,侧重技术的有 NYU(New York University)和 University of Arizona。专门的理论刊物 MISQ(Management Information Systems Quarterly)也已出版,编辑部在 UMN。1979年美国开始举办全国的管理信息系统会议——ICIS(International Conference on Information Systems),该会议每年一次,是世界 MIS 的顶峰会议。每次会议约有1 000人参加。几年就发布一次指导性教学计划。

从20世纪90年代开始管理信息系统进入了二次完善、创新阶段。BPR、Internet、E-COM 等都给管理信息系统注入了新的活力,使得管理信息系统成为热门专业。作为全球范围内信息系统和信息管理方面最重要的专业学术团体之一，信息系统协会（Association for Information Systems，AIS）在这一时期成立。在 AIS 成立之前，大部分的信息系统学者都是其他协会的成员，比如：国际计算机学会（Association for Computing Machinery，ACM），国际电气与电子工程师协会（Institute of Electrical and Electronics Engineers，IEEE），以及国际运筹学与管理科学学会（Institute for Operations Research and Management Sciences，INFORMS）等。虽然这些协会就信息系统学科诸多方面的研究组成了一些特别兴趣小组，但整个学科缺乏统一的声音。因此，AIS 不仅将对整个信息系统学科起到持久的领导作用，也将为该学科指明发展方向。此外，AIS 还为其成员提供一些特定的服务（比如会议和期刊）。信息系统学科第一次拥有了自己的协会，而这个协会也为这个研究领域赢得了独立的身份和地位。AIS 成功说服美国商学联合会（American Association of Collegiate Schools of Business，AACSB）将信息管理列入它所承认的商学课程中，这也是它早期的成就之一。

到了 21 世纪，信息管理与信息系统专业走向了成熟。表现在：

①研究方法和途径的多样性已经在很高级别上被广泛地接受。信息系统领域所有的重要期刊都拥有自己的高级编辑和副编辑，而这些编辑具有使用定性和定量研究方法以及从事实证性和解释性研究的专业知识。这意味着那些长久以来（有时是不太成熟的）存在于提倡某种特定研究方法研究者之间的内耗几乎已消失殆尽。这一趋势的进一步推论是人们对于研究质量的关注逐渐增加。期刊的编辑们只愿意接受那些符合特定的标准并且对这个研究领域的知识有所贡献的论文，不论文章使用了哪些研究方法和途径。

②本专业许多会议都组织得很出色而且具有很高的威望。这些会议包括国际信息系统年会（ICIS），亚太信息系统年会（Pacific Asia Conference on Information Systems，PACIS），信息系统协会中国分会年会（China Association for Information Systems（CNAIS）Conference）。PACIS 将亚太地区的信息系统研究者聚在了一起，而 CNAIS 主要服务于中国的信息系统学者。毫无疑问，ICIS 则是信息系统研究领域的顶级会议。

③本专业许多期刊的声望和地位都非常出众。例如 *MIS Quarterly* 已

经 成 为 ACM, IEEE, 和 INFORMS 管 理 类 期 刊（如 *Journal of the ACM* 等）之首。而且, *MIS Quarterly* 比许多著名的管理类期刊, 如 *Academy of Management Review*, *Administrative Science Quarterly* 和 *Management Science* 等的排名更高。此外, 有两种信息系统期刊入选 *Financial Times* 评选出的商学学术期刊 40 强名单（它们分别是 *Information Systems Research* 和 *MIS Quarterly*）。这些成就意味着本专业的一些出版物中至少已经有部分具有相当的声誉。也表明了信息系统研究已经被广泛地引用, 并得到高度评价。就学科研究领域而言, 在 21 世纪的前 10 年, 研究者们对企业系统（比如 Al-Mashari, et al. 2003; Davenport, 2000）、组织间系统和知识管理（比如 Garud & Kumaraswamy, 2005）产生了浓厚的兴趣。研究者们也十分关注电子贸易、电子商务、电子政务和移动系统这些领域（比如 Peffers & Tuunanen, 2005）。

二、国内发展情况

信息管理与信息系统专业在我国的产生和发展是随着 20 世纪 70 年代中后期电子计算机在管理领域的广泛运用开始的。中国人民大学于 1978 年最先设立了"经济信息管理"专业, 1980 年清华大学率先设立了"管理信息系统"专业。20 世纪 80 年代初期的代表院校主要有北京大学、中国人民大学、山东大学等。21 世纪初期上海财经学院、南开大学国际企业管理系、湖北财经学院等也都曾开设这一专业。

从改革开放开始, 这门专业的教育状况发生了巨大变化。其中, 国家政策的调整突出表现在 1998 年 7 月国家教育部的专业设置调整规定, 把原有的经济信息管理、管理信息系统、科技信息、图书情报检索、信息学和林业信息管理等 5 个专业合并为"信息管理与信息系统"专业, 作为"管理科学与工程"一级学科下的一个二级学科。1999 年 4 月, 教育部高教司将信息管理与信息系统专业的培养目标和骨干课程研究作为课题进行立项。1999 年底, 全国已有 151 个全日制高等学校设立了这个专业, 75 所高校的信管专业在江苏省进行招生。根据教育部最新颁布的《普通高等学校本科专业目录（2012 年）》, 信息管理与信息系统专业的学科、专业代码及可授予学位情

况如下:

　　12 学科门类:管理学

　　　1201 管理科学与工程类

　　　120102 信息管理与信息系统(注:可授管理学或工学学士学位)

　　信息管理与信息系统专业的建立由于依托的院系不一样,性质也有所不同。一般来说,有在商学院/经济管理学院具有经济学性质的,有在管理学院具有管理性质的,还有在计算机学院具有计算机性质的。另外,还有林业信息管理、农业信息管理、医学信息管理等专业。关于信息管理的学科属性,学界普遍认为它既不是社会科学,也不是自然科学,而是由社会科学、自然科学和科学技术相互渗透综合而成的综合性学科。因此,可以这样认为,作为管理学下位学科类的信息管理是由经济学、数学、计算机科学、管理学等学科交叉渗透而形成的综合性交叉学科。

　　根据信息管理与信息系统专业来源不同,可以将该专业的发展模式归纳为以下三种:

　　1. 管理学院或工商管理学院下设的信息管理与信息系统专业

　　这是信管专业的主要发展方向,代表的学校有清华大学和复旦大学。

　　清华大学于 1979 年建立了经济管理工程系,招收"经济管理、数学与计算机应用"本科专业。该专业融合经济学、数学与计算机于现代管理之中,是当时新兴的交叉学科,也是中国信息管理与信息系统最早招生的专业之一。从 2002 年开始,经管学院将原来的信息管理与信息系统、金融学(国际金融与财务方向/保险与风险管理方向)、会计学和经济学 4 个本科专业集合,以"工商管理类"的名义按照大类招生并进行两年统一的平台培养。这不但开了国内经济管理类本科教学改革之先河,而且由于清华本身就不分经济学院和管理学院,更体现了经管类大学科的融合。这个结合了 IT 与经管的学科随着企业资源规划(ERP)、供应链管理(SCM)、客户关系管理(CRM)以及电子商务等流行显示出新的魅力,而清华在与之相关的信息技术和工业工程学科方面的地位也巩固了这一专业的实力。在专业领域内,知名的教授学者之一就是管理工程类学科专业带头人、清华大学管理信息系统专业的领导创建人之一的薛华成教授。这样看来,清华的人才培养几乎是全方位的,如涉及经济学、信息技术、工业工程、管理科学与工程。当然也只有清华才能拥有这些资源,目前大多数学校还是以培养管理型人才为主。

　　复旦大学于 1985 年组建了管理学院,信息管理与信息系统专业隶属于该学院。复旦宣称其目标是以信息系统(包括电子商务)的应用、管理为主要研究对象,以如何利用信息技术 / 信息系统提高竞争能力和管理水平为目标,开展基础理论、企业管理模式、信息系统战略规划、信息系统及其管理、信息系统开发方法、信息技术应用等方面的教学和科研,他们的定位是:"针对企业所面临的挑战,提出具有基于信息技术 / 信息系统的组织和管理解决方案的能力;具有信息系统应用与开发的能力,包括管理系统和信息系统分析、设计、编程的能力;具有信息管理的能力,包括信息资源管理、系统实施管理、信息系统评价等能力;具有科学研究的能力。"这代表了大多数管理学院的主流培养目标。

　　此外浙江大学、华中科技大学、华东理工大学、青岛大学等也是如此设立。一般而言,这类专业所属学院的实力很强,学生除学习信管专业知识外还要学习大量的经济管理课程,知识背景比较过硬,就业也很好,属热门专业。当然各学校的人才培养侧重点是不一样的。

　　2. 由原来的图情档院系发展成为独立的信息管理(资源)学院系,下设信息管理与信息系统专业

　　这类学院以前的学科实力比较强,形成了自己的学科队伍和优势学科,很难和其他院系合并。他们往往设立独立的信息管理学院,负责本校的信息管理学科的发展,如武大信息管理学院、北大信息管理系等。人大在进行学科调整的过程中曾经有意将信息学院的信管专业和档案学院的信管专业合二为一,但基于原来的学科规划,最终还是以档案学院自行组建信息资源管理学院而告终。这些行动可以理解为一种无奈的选择,但更可理解为一种困境突围的努力。例如,1992 年北京大学 "图书馆学情报学系" 更名为 "信息管理系",2003年中国人民大学在原档案学院的基础上新成立了信息资源管理学院。

武汉大学信息管理学院是我国历史最久、规模最大的信息管理学教育、研究机构。学院下设信息管理科学系、图书馆学系、档案学系和出版科学系等 5 个专业（信息管理与信息系统、电子商务、图书馆学、档案学、编辑出版学）和 6 个研究所及研究中心（图书馆学情报学研究所、数字图书馆与电子档案研究所、出版科学研究所、文献学研究所、中国科学评价研究中心、知识产权高级研究中心）。同时，作为国家教育部人文社会科学重点研究基地的武汉大学信息资源研究中心，依托于学院建立。该中心是本专业领域唯一一所经教育部批准的重点研究基地。国家信息化推进办公室正式批准依托学院和中心建立国家信息资源管理武汉基地、中国电子商务研究与发展中心以及联合国教科文组织信息软件推广培训中心等。拥有情报学和图书馆学两个国家级重点学科，图书馆、情报与档案管理以及管理科学与工程两个一级学科博士点，图书馆情报与档案管理博士后流动站，以及图书馆学、情报学、档案管理、信息资源管理和出版发行管理学科博士学位授权点。在谈及信管专业时，他们这样定位："本专业研究信息资源的结构和特征，信息系统开发与设计的理论、原则和方法以及信息技术的各种应用，解决信息的收集、处理、控制与利用以及信息系统的开发与管理等一系列重要问题，为决策管理、生产经营和科学研究提供高质量的信息服务。培养具有现代管理科学基础、熟练掌握现代信息技术手段和信息管理与信息系统的理论、方法，能从事信息管理以及信息系统分析、设计、开发、管理和规划工作的高级专门人才。"我们不妨再来追溯一下信管学院的发展历史："1978 年以来，在国内率先创办了科技情报专业（现为信息管理与信息系统专业），1983 年创办了我国第一个图书发行专业（现为编辑出版学专业），1984 年经教育部批准建立了图书情报学院并于同年重建档案学专业，2001 年创办了电子商务本科专业。信息管理学院在 1978 年招收第一届研究生。1981 年建立图书馆学硕士点，1984 年建立情报学硕士点。1990 年建立情报学博士点，1993 年建立图书馆学博士点。2000 年批准获得图书馆、情报与档案管理一级学科博士学位授予权。2001 年更名为信息管理学院。2002 年图书馆学和情报学两个博士点学科被批准为国家重点学科。2002 年 12 月建立信息资源管理博士点、出版发行学博士点。2003 年管理科学与工程批准获得一级学科博士学位授予权，并被批准建立图情档博士后流动站。"尽管在外人看来，武大的信管也不过是由图书馆情报学发展过来的，但我们从它的学科演进史可以明确看出今日的"信管"已不是昔日的"图情"了，尤其是管理科学与工程博士点的获得，更是向同行昭示武大的信管专业无论是在学科设置还是在人才培养上，已经成为中国信管学科设置的楷模，既包含原来的老学科，又积极发展新型相关学科，两相结合，相互促进。从这个意义上来说，如果我们假定信息管理学院有一种固有的组建模式的话，无疑武大的信息管理学院是不错的选择，它的学科转型也是最成功的。

　　人大有两个学院同时开设这一专业：中国人民大学信息学院是在 20 世纪 70 年代末，以信息技术在经济管理中的应用为目标，在国内最早建立的信息技术领域的科学研究和人才培养的基地之一。20 多年来，它以现代信息技术在国民经济各个领域的应用为目标，在计算机科学技术、运筹学、数量经济学、企业管理、信息服务等领域中开展科学研究和人才培养，为我国信息化事业培养了大批骨干。信息学院的前身——经济信息管理系成立于改革开放的初期。1978 年 5 月，以萨师煊、江昭、陈余年、魏晴宇、赵树嫄等教授为代表的一批具有献身精神，又了解现代科学技术前沿的老一辈教授、学者，在各级领导的支持和帮助下艰苦创业，做到当年建系当年招生，开创了我国高等学校中第一个以信息技术在经济管理领域中的应用为特色的系科。1994 年初，经济信息管理系与校信息中心合并，组建了信息学院。信息学院下设 3 个系——计算机科学与技术系、经济信息管理系、数学系；8 个教研室；2 个实验室——信息技术综合实验室（面向本院）、计算机公共实验室（面向全校）；2 个研究所——数据与知识工程研究所、运筹学与数量经济研究所；代管中国人民大学经济科学实验室；承办《投资与证券》（月刊）；3 个本科专业——信息管理与信息系统、计算机科学与技术、数学与应用数学；2 个博士点——数量经济学、计算机应用技术；6 个硕士点——计算机应用技术、计算机软件与理论、系统理论、数量经济学、运筹学与控制论、基础数学。现有博士生导师 6 名，分别指导数量经济学、西方经济学、计算机数据库技术、企业管理方向的博士生。从以上介绍可以看出在 1994 年之前,信息学院基本上就是经济信息管理系,经过资源整合之后,它才把发展方向转到了计算机科学技术和数学上来。所以该院信管专业以学习计算机知识为主,兼及经济管理。该校档案学院在原设档案系的基础上,于 2001年 9 月增设政务信息管理系;在全国率先设置档案学硕士点(1982)之后,又增设图书馆学(1998)、情报学(2002)2 个硕士点并相继招生;历史文献学(含档案学)博士点已于 1994 年设立;本科教育在巩固发展原有档案学专业的基础上,增设信息管理与信息系统专业(政务信息管理方向);初步形成了学科方向明确、专业结构合理、教育层次完整的教学体系。该院在学科转型中遇到的最大困难是与该校信息学院学科设置上的重复(信息管理与信息系统),最后只好区分为不同的方向,这一问题其实是决定该院能否顺利实现转型的关键,也制约转型的可行性。还有一个问题是如何在转型之中保持传统档案学科的特色。档案学不仅有技术上和管理上的内容,也包含人文性与文化的含义,在今天信息时代技术至上潮流下,档案学如何不失去它的文化内涵显得尤其突出。该校校长在该院调研时也特别指出,要避免校内学科的过分交叉和注意保存自己的特色等问题,可谓一语中的。2003 年年末,该院在原档案学院的基础上组建信息资源管理学院,这可视为该院的转型,或更准确一点说是一种无奈下的超越。假以时日,该院应该可以以武汉大学的模式来规划发展前景,成为真正意义上的信息资源管理学院。而信息学院的发展前景应该是以技术为导向的。

3. 原来图情档院系设立,其院系规模比较小,在学科调整过程中它们大多隶属于大院之下,形成比较精干的教师队伍

这种发展模式应该是大多图情档学科转型的可行之路,可以利用所属学院的资源,形成自己的学科特色,如中山大学就把信息管理系划归了信息科学与技术学院,南京大学在公共管理学院下设信息管理系。这种模式在有图情档背景的高校中还是有代表意义的,如西北大学公共管理学院、吉林大学管理学院、安徽大学管理学院等都是这种类型。

南京大学于 1940 年成立图书馆学专修科,但不久就中止,图书馆学专

业教育在 20 世纪 40 年代中期至 70 年代中期停顿,"文化大革命"结束后,在图书馆开始大发展的 70 年代末期又得到恢复。1978 年恢复建立图书馆学专科,招收学员共 30 人,这些人大多成为江苏省各类图书馆的骨干。1985 年恢复图书馆学系,1988 年更名为文献情报学系,1992 年更名为信息管理系。信息管理系现设有图书馆学、信息学、档案学、计算机信息管理 4 个教研室,有专职教师 29 人,其中教授 9 人,副教授 16 人。设有"国家信息资源管理南京研究基地"、投资 400 万的"信息数字化集成实验室",另外还设有"南京大学信息产业研究所"、"南京大学信息技术开发研究所"、"南京大学出版科学研究所"。国内外 10 余名知名教授被聘为信息管理系的兼职教授。信息管理系现有情报学博士学位授予点,图书馆学、情报学、档案学 3 个硕士学位授予点,图书馆学、档案学、信息管理与信息系统、编辑出版 4 个本科学士学位专业。1995 年起对全校开设了商务秘书、计算机信息管理 2 个副修专业,商务秘书副修专业还对在宁高校各专业本科生开放。南大信息管理系隶属于公共管理学院,它的发展导向也是大公共管理,为社会培养信息管理和图情档方面的人才。南京大学公共管理学院是培养和造就从事行政管理、社会管理、信息管理、教育管理和思想政治工作等专门人才的重要基地,是一所多学科结合渗透、富有时代特色的新型学院,设有政治与行政管理学系、社会学系、信息管理系以及高等教育研究所和德育教研室现有 3 个博士点、9 个硕士点和公共管理硕士(MPA)专业学位点。

中山大学信息科学与技术学院始建于 1996 年 1 月,1997 年 7 月重组,现由计算机科学系、电子与通信工程系、信息管理系、计算机基础教育中心、计算机软件研究所、计算机应用研究所、电气及工程软件研究中心等 7 个单位组成,隶属于该院的信息管理系建立于 1980 年。建系 20 多年来,该系通过不断的改革和发展,现已成为国内同类院系中较有影响,在海外也有一定知名度的院系之一。现已拥有图书馆学、档案学、信息管理与信息系统 3 个本科专业;图书馆学、档案学、情报学 3 个硕士点;正在申报图书馆学博士点。已初步形成了以本科教育为主,大专、本科、硕士研究生等多层次、多类型、多学科的专业教育体系,本科专业数和硕士点数均居全国多所高校同类院系的前列。应该说像中山大学这样将信息管理系设在信息技术学院里的大学并不是很多,尤其是有图情档背景的。但是不可否认的是他们的这种做法无疑有利于技术与管理的结合,以及培养学生的计算机水平。从这个意义上来说,中大的资源整合也是一个不错的尝试。

第三节 医药院校信息管理与信息系统专业的状况与特色

一、专业历史与现状

随着信息技术的迅速发展和医院信息化水平的提高,对医学信息管理人才的迫切需求已成为全球性的问题。

1. 国外发展概况

国外该专业的发展最早可以追溯到 20 世纪 60 年代初期美国进行的 HIS（Hospital Information System, HIS）开发。HIS 处理的信息几乎覆盖医疗卫生领域的所有信息,主要由 3 部分组成:①以医院管理为中心的医院管理信息系统（Hospital Management Information System, HMIS）;②以病人为中心的临床信息系统（Clinical Information System, CIS）;③以医学知识为中心的医学文献服务信息系统（Medical Information System, MIS）。

国外该专业的研究主要集中在使用计算机技术管理医学信息和知识,以便为医院临床、管理和科研服务,其研究具有相对较长的历史,且研究成果达到相当的广度和深度。目前,以支持临床工作的 CIS 为研究重点,内容主要包括:医疗卫生信息系统、医疗决策支持与质量保证、电子病历与整合信息系统等。

2. 国内发展概况

国内信息管理与信息系统（医学）专业是在医学图书情报学的基础上

发展起来的。截至 2013 年底,全国共有 36 所医药类高校开设信息管理与信息系统专业,其中西医院校 25 所,中医院校 9 所,药科院校 2 所。

1985—1987 年国家教育部和卫生部先后批准在白求恩医科大学、同济医科大学、中国医科大学和湖南医科大学开办医学图书情报专业。该专业侧重于医学文献信息的处理,学生计算机能力普遍偏弱,无法适应应用计算机技术管理医学数据和信息的现实需要。

进入 20 世纪 90 年代,随着全国各行各业信息化进程的推进,1998 年在国家教育部对高校的专业设置的调整中,该专业归并到"信息管理与信息系统"这一大专业下,并对该专业内容进行了较大的调整,增加了信息科学、计算机科学的有关内容,且逐渐加大其比例。

国内 HIS 的建设虽已有十多年,但仍然是以人、财、物管理为基础的 HMIS 为主要研究内容,对提高医疗质量和临床工作效率的 CIS 却在近几年才有少数的有识之士开始关注,导致国内现有的 HIS 基本上多呈只有 HMIS 而没有 CIS 的跛腿现象。与国外相比,我国高层次医学信息管理人才匮乏,信息管理与信息系统(医学)专业发展基础薄弱,且由于各医药院校开设该专业的基础和背景不同,造成该专业课程设置的不规范性和随意性。

二、专业办学方向

综合分析国内外信息管理与信息系统(医学)专业的办学实践,该专业的办学方向主要包括以下三种:

一是以医学图书情报为依托的医学信息管理专业,突出医学信息资源管理、建设、检索及服务等研究;二是以计算机科学为依托的信息管理与信息系统医学专业,突出计算机技术在医学信息处理中的应用,注重医学信息系统,目前主要是医院信息系统软件设计、系统开发及集成的优势;三是以预防医学为依托的卫生信息统计专业,突出卫生统计学在医学数据中的分析处理、医学统计软件的开发及应用。

可见,该专业有的偏信息管理,有的偏计算机信息处理,有的偏信息统计分析。这是由于医学信息学学科本身固有的交叉性和综合性,形成在早期各个不同医药院校在医学信息学专业人才培养上自然分化为若干个不同方向。

但笔者认为,无论办学侧重点如何,该专业应突出以计算机科学技术为医学信息管理或为医学信息系统开发服务,培养的毕业生所从事的领域,可以面向技术,也可以面向业务。

三、专业培养目标

教育部目录规定的信息管理与信息系统专业的培养目标是:培养具备现代管理科学理论知识的,熟练掌握现代信息技术手段和系统工程方法的综合型、实用性人才。本专业的学生毕业后应当能够从事各级各类信息管理工作,从事各种类型的信息系统建设和管理工作。

领会教育部目录精神,结合医学专业特点,信息管理与信息系统(医学)专业的培养目标为:培养具有坚实的生物医学知识、现代管理科学理论,系统地学习基础医学概论、临床医学概论、现代医药卫生管理基础知识,熟练掌握以计算机科学技术为主的现代医疗卫生信息技术和以医院信息系统为核心的医药卫生信息系统分析与设计方法,具有较高的外语、数学能力的高级复合型、实用性人才。本专业的学生毕业后应当能够在医学各领域从事各种信息管理以及信息系统规划、分析、设计、实施、管理和评价工作。

四、专业特色

信息管理与信息系统(医学)专业发端于医学信息学专业,该专业是以系统论、计算机科学技术为理论基础,以医学数字化管理为目标,涵盖医学信息采集、数据编码、数据存储与传输、生物医学信号处理、医学图形和图像、医学信息获取、医学知识库、智能专家系统、人体生理统计系统、计算机仿真和医药信息工程等众多的概念和范畴,是集医学、信息科学和管理学等学科于一体的新兴的交叉边缘学科。研究内容基本覆盖现代医学计算机应用的所有知识和技术,覆盖医学研究领域的所有方面。

>>>>>> 第二章

信息管理与信息系统专业培养目标及人才素质要求

第一节　信息管理与信息系统专业的培养目标

一、教育部制定的信息管理与信息系统专业培养目标

教育部的普通高校本科专业目录（1998）中,提出了信息管理与信息系统专业的培养目标,后来教育部管理科学与工程类学科专业教学指导委员会于 2008 年提出了"高等学校信息管理与信息系统本科专业规范（草案框架）"（以下简称"专业规范"）,在维持原培养目标的主体思想基础上作了进一步完善,同时该规范提出了培养规格、培养要旨、教育内容和知识体系以及教学条件等一系列要求。该规范一旦正式颁布,必然是指导本专业教学的纲领和对本专业建设的总体要求。鉴于业界对本规范基本达成共识,尽管处在草案框架阶段,仍可以作为教学指导。

　　"专业规范"中确定的信息管理与信息系统专业培养目标为："信息管理与信息系统专业培养适应国家经济建设、科技进步和社会发展的需要，德、智、体、美全面发展，具有高尚健全的人格、强烈的民族使命感和社会责任感、宽厚的专业基础和综合人文素养，具有一定的创新能力和领导潜质，具备良好的数理基础、管理学和经济学理论知识、信息技术知识及应用能力，掌握信息系统规划、分析、设计、实施和管理等方面的方法与技术，具有一定的信息系统和信息资源开发利用实践能力，能够在国家政府部门、企事业单位、科研机构等组织从事信息系统建设与信息系统管理的高级专门人才。"

　　该培养目标分层次说明了对信息管理与信息系统本科学生的共同要求，对管理科学与工程类本科生的要求，对信息管理与信息系统专业本科生的特殊要求，以及本专业的职业特征。

　　①本科学生的共同要求：信息管理与信息系统专业培养适应国家经济建设、科技进步和社会发展的需要，德、智、体、美全面发展，具有高尚健全的人格、强烈的民族使命感和社会责任感、宽厚的专业基础和综合人文素养，具有一定的创新能力和领导潜质。

　　②对管理科学与工程类本科生的要求：具备良好的数理基础、管理学和经济学理论知识。

　　③对信息管理与信息系统专业本科生的特殊要求：具备良好的信息技术知识及应用能力，掌握信息系统规划、分析、设计、实施和管理等方面的方法与技术，具有一定的信息系统和信息资源开发利用实践能力。

　　④能在国家各级管理部门、工商企业、金融机构、科研单位等部门工作，这是本专业体现的时代特点，当今任何一个部门都离不开信息化。

　　⑤信息管理与信息系统专业的职业特征：在国家政府部门、企事业单位、科研机构等组织从事信息系统建设与信息系统管理的高级专门人才。

　　根据"专业规范"指出的该专业的培养目标要求，信息管理与信息系统专业本科专业学生的培养主要针对社会职场中的一类职业，而不是某个行业。职业是对个人在社会中所从事工作的分类，例如会计职业、教师职业、信息管理职业、网络管理职业等。而行业是对社会企事业组织机构所从事工作的分类,例如医药行业、教育行业、汽车行业等。有些专业的设计是以行业为主,职业为辅,例如汽车设计专业、护士专业、药学专业等。信息管理与信息系统专业主要针对各行各业中的信息管理人员,同时也包括部分计算机软件行业,因此该专业学生的培养针对的正是信息管理这一类别的职业。

二、国内主要院校信息管理与信息系统专业人才培养目标

1. 清华大学信息管理与信息系统专业人才培养目标

清华大学的信息管理与信息系统专业是全国最早建立的管理信息系统专业之一,是一门综合经济、管理理论、信息技术的学科。经过 20 多年的发展,培养体系日臻完善, 2/3 的课程采用英文教学,学生不仅具有国际竞争力,而且掌握坚实的技能,他们既具有扎实的数学基础和经济学、管理学理论基础,而且具有很强的计算机应用能力。

清华大学信息管理与信息系统专业致力于培养数字经济时代,富有创新精神和国际化视野的复合型管理人才。将使学生不仅具有坚实的数学基础、系统的管理学基础、必要的经济学知识和较强的中英文沟通能力,还具有系统、深入的信息系统分析和信息资源开发利用的技能。学生毕业后,可进入各类企业与政府部门,从事信息化管理、信息系统设计和开发,以及信息资源开发利用工作。主要的就业企业类型包括国内外知名的咨询公司、政府机关、金融机构、电信公司、高技术企业等。

2. 复旦大学信息管理与信息系统专业人才培养目标

复旦大学信息管理与信息系统专业的前身是管理科学系管理信息系统专业,要求学生具有扎实的数学基础,要有丰富熟练的计算机技能,要有宽广实用的管理知识和系统深入的信息系统应用与管理能力。该系以现代信息技术、信息系统(包括电子商务)的应用、管理为主要研究对象;以企业如何利用信息技术、信息系统提高竞争能力和管理水平为目标,开展基础理论、企业管理模式、信息系统战略规划、信息系统及其管理、信息系统开发方法、信息技术应用等方面的教学和科研。

信息管理与信息系统专业主要培养具有如下能力的高级人才:①针对

企业所面临的挑战,提出基于信息技术、信息系统的组织和管理解决方案的能力;②具有信息系统应用与开发的能力,包括管理系统和信息系统分析、设计、编程的能力;③具有信息管理的能力,包括信息资源管理、系统实施管理、信息系统评价等能力;④具有科学研究的能力。

本专业要求学生有扎实的数学基础,包括数学分析、应用统计、运筹学等;要有丰富熟练的计算机技能,包括软硬件、数据库、通信网络、电子商务技术等;要有宽广实用的现代企业管理知识,包括企业战略管理、生产运营管理、市场营销、财务与会计;要有系统深入的信息系统应用与管理的知识,包括管理信息系统、信息系统分析与设计、信息资源管理、企业资源计划(ERP)、电子商务、系统模型与模拟、决策支持系统、信息系统战略规划与实施等。

3. 武汉大学信息管理与信息系统专业人才培养目标

武汉大学信息管理学院是我国历史最久、规模最大的信息管理学教育、研究机构。该校信息管理与信息系统专业培养具有信息管理学基础、具备一定的信息素养,掌握系统思想以及信息系统设计与开发方法等方面的知识与能力,能在国家各级管理部门、工商企业、金融机构、科研单位等部门从事信息管理以及信息系统分析、设计、实施、管理和评价等方面的高级复合型、创新型人才。

武汉大学信息管理与信息系统专业特色:信息管理与信息系统研究信息的构成分布与特征,信息系统开发与设计的理论、原则和方法,解决信息的获取、加工、检索、控制和利用等一系列重要问题,为科学研究和管理决策提供高质量的信息服务。

培养要求:本专业学生主要学习经济、管理、数量分析方法、信息资源管理、计算机与信息系统方面的基本理论和基本知识,得到系统分析和设计方法以及信息管理方法的基本训练,具备综合运用所学知识分析和解决问题的基本能力。

4. 南京大学信息管理与信息系统专业人才培养目标

1992年设立,其前身是情报学。该专业指导思想是从信息处理加工的流程出发,将此过程中涉及的各种知识按照逻辑顺序进行整理,从信息的生产、流通,到信息的检索、组织、分析和评价,最后到信息服务形成了具有特色的专业课程体系。专业更名后,重点增加了信息技术方面的课程,强调将信息技术领域最新成果吸收到信息资源管理领域中。如:将数据挖掘的理论与技术应用于对信息资源的处理;借助数学理论、超文本技术和人工智能技术对信息检索算法的研究;利用模式匹配技术开展多媒体信息检索的研究;采用数据仓库思想建立中文社会科学引文索引等。网络信息资源、数字图书馆、电子商务、图像处理、元数据、网络营销等反映时代特色的新内容,均列入课程体系中。大部分课程都采用了多媒体教学手段,信息检索等多门课程已作为网络辅助课程挂在网络教学平台上。该专业已作为江苏省品牌专业建设点。

第二节　信息管理与信息系统专业的人才素质要求

信息管理与信息系统,就是通过学习计算机技术和管理学、竞争情报等学科知识,通过计算机技术对海量的数据进行收集和信息处理,使之成为有用的信息,然后通过科学的统计学原理对信息进行过滤和分析进而形成知识,最终目的就是运用所获取的知识来做出正确的决策。

因此,信息管理与信息系统专业出来的学生可以做技术含量较少的信息编辑(新闻编辑或网络编辑)、数据统计、问卷调查等工作,也能做稍有技术含量的数据处理、过滤、信息分析咨询等工作,或者进入企业或政府做决策支持、系统信息化等工作。

根据教育部不同高校专业目录中给出的培养目标的要求,并参照一般的教学计划,信息管理与信息系统专业本科生的培养要求包括基本素质要求、能力要求和知识要求三大方面,具体来讲包括:

一、基本素质要求

现代信息管理人才是复合型人才。所谓复合型,是指在知识上是计算机知识、管理知识和本单位业务知识的复合;在能力上是技术能力、沟通能力、规划方案能力、组织协调能力的复合。一个组织对内部的信息管理人才通常具有较高的素质要求,素质是以人的生理和心理实际作基础,以其自然属性为基本前提的。也就是说,个体生理的、心理的成熟水平的不同决定了个体素质的差异,因此,对人的素质的理解要以人的身心组织结构及其质量水平为前提。作为一名好的信息管理人才必须具备良好的基本素质,比较突出的要求是如下五种基本素质:

1. 爱岗敬业

具有强烈的事业心和责任感,在从事职业过程中享受乐趣,而非过于功利。可以选择职业,也可以选择单位和岗位,但是不可以在岗位上敷衍和应付。

2. 热爱学习并善于学习

学校的学习不可能完全满足需要,今天的知识不可能永远够用,必须在工作中不断学习,将学习作为一种终生习惯。进入工作岗位的学习方式与在校学习方式不一样,虽然包括读书学习,但是更重要的往往是通过观察、培训、请教、沟通、感悟、实践总结、阅读相关文件和论文等方式学习,只有善于学习才能尽快适应新的情况。

3. 善于合作

信息管理工作不是独行侠,需要各方面的理解与配合,善于沟通与团队合作,是做好本职工作的重要素质。

4. 系统思考

信息管理工作往往涉及方方面面,所以考虑问题要全面,要考虑各种要素及其关系,纵向分层、横向分类。

5. 服务观念

组织机构的信息管理师为各级管理者提供信息服务,所以要具有理解用户需求、为用户服务的观念。

二、能力要求

信息管理与信息系统专业本科生的专业能力要求主要包括获取知识能力、应用知识能力和创新能力三个方面。

①获取知识能力指应用本专业知识与技能从事本职工作,自主学习,不断充实。

②应用知识能力指信息系统规划、分析、设计,解决专业实际问题,具有一定的系统开发能力。

③创新能力指跟踪本专业技术发展,创新意识强,积极参与本学科、本专业研究。

近年来从对用人单位和毕业生的调查以及相关教学研究项目来看,上述能力要求实际是相当高的要求。有些能力要求学生在不同的方面花费大量时间,这些要求不但体现了层次的不同,还体现了学习深造领域的不同,例如:"信息系统设计和实施能力"要求学生在计算机技术方面具有较好的知识和技能;"通过数据分析等手段支持管理决策能力"要求学生具备较深厚的数理基础和对管理业务的较深刻理解。如果要在四年内同时做到这些要求,对于多数学生来说是有困难的,所以就出现了不同类型的大学在本科教育阶段的侧重点也有不同。本专业基本定位于"应用研究型"和"技术型"这两种类型,对于"应用研究型"培养规格,侧重于数理基础、专业理论和专业方法的训练以及研究潜力的培养;对于"技术型"(或称应用型)培养规格,侧重于信息技术与工具的训练以及信息系统应用实践能力的培养。不同学校的本专业具有不同特色。

三、知识结构要求

信息管理与信息系统专业由于其兼顾"信息"与"管理"两个方面,同时考虑信息系统的应用行业领域等问题,因此要求本专业学生在知识结构上要同时兼顾管理、经济和信息技术等多个方面,在知识结构上具有多重特性。但不同学校根据各自的培养目标,对学生在上述三个方面的知识结构的要求上侧重点存在一定的差异。一般而言,信息管理与信息系统专业本科生在管理学知识、经济学知识和计算机知识结构上具有如下特点:

1. 管理学知识

管理学知识的作用:首先,主要提供与经济生活、生产制造等领域相关的管理学理论与方法,为理解系统的管理模式、管理原则、管理理念和管理流程提供知识基础。其次,生产生活、社会运转在某种意义上都是一种管理的过程。只有深刻理解管理的流程和业务,才能从中分析、提炼出数据,才能寻找到管理过程中的信息流,才能将具体的管理过程提升为信息管理过程,进而为设计信息系统提供支撑。最后,管理知识是本专业的基础和支撑,是设计软件的前提,是正确使用计算机知识的前提。

管理学相关课程或知识可以分为如下三个方面:

①工商管理领域分为:企业文化、研发与技术创新管理、战略管理、人力资源管理、运作管理、市场营销、财务管理、企业理论、电子商务、非营利组织管理和服务管理11个小类。

②管理科学与工程大类分为:信息技术与管理、预测理论与技术、评估理论与技术、复杂性研究、数量经济分析理论与技术、组织行为与组织理论、工业工程、决策与对策理论、运筹与管理、管理系统工程、一般管理理论、管理心理与管理行为、管理科学与管理思想史、项目管理和知识管理15个小类。

③宏观管理与政策大类分为:图书情报档案管理、金融工程、金融管理、产业与行业管理、公共管理与公共政策、资源与环境管理、区域发展与管理、宏观经济战略与管理、农林经济管理、财税管理和科技政策与管理11个小类。

管理学其他专业相关课程推荐:生产制造管理知识,主要是工业工程知识,比如生产管理、生产组织、生产调度、优化技术等;物流工程知识;企业管理知识;系统工程知识;供应链管理知识;客户关系管理知识。

2. 经济学知识

经济学知识的作用:首先,提供与经济生活、生产制造等领域相关的经济学理论与知识,为理解系统目标与系统外部环境提供支撑。其次,生产生活、社会运转在某种意义上都是为了经济学上的"最有利"。在设计系统的时候首先要理解系统的目标,同时信息管理领域正在不断超出传统资源管理范畴,不管是转向经济生活各个领域,还是逐渐转向无形的管理领域,这些都需要具有经济学背景。最后,经济学知识是本专业的基础知识和背景知识,是扩展专业应用的基础。

经济学相关课程或知识:宏微观经济学、政治经济学、应用经济学、数量经济学等。

3. 计算机知识

计算机知识的作用:首先,提供软件开发的思想、方法和工具,提供系统分析与设计的方法和工具。其次,信息的处理主要通过计算机来完成,管理的实现要借助计算机,复杂劳动的处理需要计算机,系统的预测也需要借助计算机,目前计算机技术已深入各个领域。再次,计算机知识是本专业的核心知识和技能知识,是本专业工作的工具和手段。最后,本专业学习计算机不是为了计算机,而是为了使用计算机工具来解决与信息相关的管理问题。

计算机相关课程或知识主要包括三个方面:

①硬件知识:计算机组成与原理,即介绍计算机运行基本理论知识;汇编语言,即面向硬件的程序语言,功能强大,难以学习;数字电路,即计算机硬件组成原理。

②软件知识:程序语言,即编写软件的工具,如 C++、Java 语言等;软件工程,即关于管理软件生产过程的知识;操作系统,即讲解操作系统工作原理,如 Linux 系统;管理信息系统,即管理信息化方面的知识;应用软件使用,即某些软件的使用学习,如 Office、Flash、Photoshop、3DMax 等。

③计算机相关课程或知识:数据库知识,包括数据库原理、数据开发和数据库应用三个方面,其中数据库原理主要介绍数据库基本理论及数据库设计知识,数据库开发主要指数据库应用系统开发,如数据库原理与应用、Oracle 数据库,数据库应用则主要针对数据库设计与数据库建设;网络知识,包括网络工程和网页制作两个方面,其中网络工程主要针对网络架构、

建设和维护计算机物理网络,而网页制作则指设计每一幅网页页面素材及布局,如 Web 程序设计。

第三节 相近专业的人才培养目标及人才素质要求

社会经济的发展尤其是信息化影响到高等教育学科体系中的每一个专业,而信息管理专业受到的影响尤其强烈。因为从某种意义上讲,信息管理专业直接是社会信息化的产物。信息管理专业受到信息化大潮的影响,在国家教育主管部门专业设定的游移变迁中可以清楚地看到。在 1993 年以前国家教委颁布的《普通高等院校本科专业目录和专业简介》中,图书馆学和情报学并列为理学门类中的一级学科,其中“情报学”分为科学技术情报学、社会科学情报学、农业情报学和医药情报学 4 个专业。到 1993 年7 月,该专业目录修订本中,设置“图书、信息、档案”一级专业学科入历史学门类。另设科技信息与管理专业、管理信息系统专业、经济信息管理专业和林业信息管理专业,分别归入理学门类、工学门类、经济学门类和农学门类。这时,完全取消了“情报学”的称谓,而易之以“信息”或“信息管理”分散在众多的专业门类中。1998 年 4 月教育部办公厅下发的《普通高等学校本科专业目录(草案修订稿)》,又将这些分散的专业连同“信息学”专业集拢,统称为“信息管理”,归于管理学门类一级学科“管理科学与工程类”之下为二级学科,另在“管理学”门类下设“图书、档案学类”一级学科。及至 1998 年下半年,在教育部高教司正式颁布的《普通高等学校本科专业目录和专业介绍》中则将上述 5 个专业合并,称为“信息管理与信息系统”,至此,这一专业的学科名称从“情报学”到“信息学”再到“信息管理与信息系统”,其学科归属从理学门类到历史学门类又到理学门类、工学门类、经济学门类、农学门类再到管理学门类。2012 年 9 月教育部为贯彻落实教育规划纲要提出的要适应国家和区域经济社会发展需要,建立动态调整机制,不断优化学科专业结构的要求,对 1998 年印发的普通高等学校本科专业目录和 1999 年印发的专业设置规定进行了修订,形成了《普通高等学校本科专业目录(2012 年)》(以下简称新目录)。新目录中明确指出信息管理与信息系统专业属于管理学类中的管理科学与工程一级学科,并表明该专业可授予管理学或工学学士学位,同时单独设立图书情报与档案管理类,将原来的图书学、档案学和信息资源管理归于这一门类下。信息管理学科称谓的游移和归属的变迁,反映了学科发展的不确定性和多歧性。而学科发展的这种不确定性发生在社会信息化的大背景下,因此,只有对社会信息化宏观格局有所了解,对于学科产生发展的来龙去脉考察清楚,才能更深刻地认识和把握信息管理专业教育的现状,但这已经不重要了。在这三种模式的趋同倾向的专业发展过程中,本专业更准确和切合实际地对信息管理学予以定位。具体到各大学,20 世纪 70 年代末各大学纷纷创办"经济信息管理"、"管理信息系统"等专业,培养信息管理类人才。1998 年国家通过专业目录调整,将原有的管理信息系统、经济信息管理、信息学、科技信息、林业信息管理 5 个专业统一名称为"信息管理与信息系统"。为适应信息科学技术发展的要求,原来的图书馆系情报学系和档案学系也大多更名为"信息管理系",除继续设立原有专业之外,还增设新的信管专业。如 1992 年,北京大学"图书馆学情报学系"更名为"信息管理系"。随后,北京师范大学、南开大学、中山大学、华中师范大学、湘潭大学、华东师范大学等 15 所院校的图书馆学情报学系相继易名为"信息管理系"或相关系名,并纷纷增设新的专业方向,调整课程结构。这里我们就可以看出信管专业的来源:①由管理学院或工商管理学院等管理类型的学院创立,这些信管专业学生还要学习大量经济管理类课程,知识结构比较合理,如清华经管学院、复旦管理学院和人大信息学院都是这种形式;②另一种由图情档院系创立的信管专业具有原来的学科背景,学生除学习计算机知识和管理类课程之外,也还要学习少量图情档知识,以体现学科特色,如南大信息管理系、中大信息管理系、武大信息管理学院和人大信息资源学院都是这种类型;③还有一种是理工大学设立的信管专业,这类高校则以培养技术型人才为主,这主要由学校性质或学科规划决定。学科的发展及专业归属表明,信管专业的相近专业主要包括:管理科学、图书馆学、档案学、信息资源管理、计算机技术。

一、管理科学专业培养目标及人才素质要求

1. 培养目标

管理科学专业采用先进的教学理念和方法,借助领先的管理软件实验室,培养能够从事产业分析、市场研究、管理运作、决策分析和信息管理的数据分析高级人才;使学生掌握扎实的管理科学与工程的理论,熟练运用数量分析方法与信息管理技术,分析和处理复杂的管理问题,胜任企业管理数量化、国际化和信息化的要求。

该专业培养具备必要的数学、经济学、计算机应用基础,具有扎实的管理学科的基本理论和基本知识,具备用先进的管理思想、方法、组织和技术以及数学和计算机模型对运营管理、组织管理和技术管理中的问题进行分析、决策和组织实施的高级专门人才。管理科学专业的前身是人大商学院工程管理专业(项目管理方向),2007年获教育部批准转为管理科学专业。该专业的设立紧贴市场需求,顺应了管理日益数量化、信息化的大趋势。它依托人大商学院管理科学与工程系,该系有一支学术精专、国际化程度高的教学科研队伍。该专业重视学生管理素质、数量分析与决策能力的培养,注重国内外最新教学和科研成果的应用。

2. 人才素质要求

该专业学生主要学习数学、计算机、经济学、统计学、运筹学、生产与运营管理、市场营销、会计学、财务学、国际金融与贸易等管理基础学科的基本理论和基本知识,具有定量分析、决策、管理沟通和组织实施的能力以及计算机应用的能力,熟练掌握英语。

学生应获得以下几方面的知识和能力:掌握管理学科的基本理论、基本知识和方法;具有定量分析和计算机应用的基本能力;具有基本的管理沟通、协同合作和组织实施的工作能力;熟悉有关管理的方针政策和法规;了

解管理科学的应用前景；掌握文献检索、资料查询的基本方法，具有初步的科学研究和实际工作能力；具备一定的调研能力和分析综合能力；具有扎实的知识基础，能够应用运筹学方法进行建模和决策分析。

二、图书馆学专业培养目标及人才素质要求

1. 培养目标

图书馆学（library science）是研究图书馆的发生发展、组织管理以及图书馆工作规律的科学。其目的是总结图书馆工作和图书馆事业的实践经验，建立科学的图书馆学的理论体系，以推动图书馆事业的发展，提高图书馆在人类社会进步中的地位和作用。图书馆学是一门正在发展中的科学，现代图书馆学融入了多种属性的科学内容。随着社会和科学技术的进步，特别是人类对信息、文献交流的需要日益增强，图书馆学的研究和应用的前景将更加广阔。

2. 人才素质要求

该专业培养具备系统的图书馆学基础理论知识，掌握现代信息技术、管理科学知识和计算机技术，具备熟练地运用现代化技术手段组织、检索、分析、评价和开发利用信息的能力，能在图书馆、信息服务机构和各类企事业单位的信息部门从事信息服务及管理工作，适应经济和社会发展需要的厚基础、宽口径、高素质、强能力的，创造型、创新型、创业型复合人才。

三、档案学专业培养目标及人才素质要求

1. 培养目标

档案学以档案、档案现象及档案工作规律为研究对象。其基本任务是：在研究档案和档案工作发展规律的基础上，提出档案工作的科学理论、原则与方法，指导档案工作实践，提高档案管理的科学水平，以便充分实现档案的价值，为各项社会实践服务。档案学的研究对象与任务，从根本上规定了档案学的研究内容和学科体系。

该专业培养具有系统的档案学基础知识和政务信息管理的基本知识，

具备一定的文化素质和修养,掌握应用现代信息技术的基本技能,能在国家机关、企事业单位以及各种信息机构从事档案管理、信息管理和信息服务的复合型、实用型高级人才。

2. 人才素质要求

数字时代档案学的基本理论和方法在进行调整和补充,档案学与其他信息科学的交叉和融合更加明显。此外,档案管理与电子政务资源建设关系密切。该专业要求学生通过档案管理、政务信息管理及现代信息技术的系统教育和训练,获得以下方面的知识和能力:

掌握档案管理和政务信息管理的基本理论、基本知识和方法,以及与信息管理相关的学科知识;掌握辩证唯物主义和历史唯物主义的基本观点和分析方法,以及熟练信息技术操作技能,并能熟练应用于档案管理、政务信息管理、政务网站开发及数字档案馆建设;能熟练地运用有关档案学知识办理相关事务,具有良好的从事档案工作和现代办公室工作的心理素质,具有广泛的适应能力;熟悉我国的信息政策与法规、档案法规,以及国家档案事业方针政策;具有较强的中外文献检索、阅读能力以及语言交流能力;英语、计算机应用要达到学院规定的要求。

四、信息资源管理专业培养目标及人才素质要求

1. 培养目标

本专业根据当代信息资源管理所需专业知识与基本技能的要求,培养适应信息社会需要,掌握信息技能,具有良好信息素养,能胜任各类政府机构、公共信息工作部门、企事业单位的信息处理、信息咨询、电子信息服务等工作的应用型、复合型高级专门人才。

2. 人才素质要求

本专业学生主要通过学习管理学、信息资源管理、管理信息系统等方面的基础理论和基本知识,受到信息资源组织和文献信息整理分析方法的系统训练,具备系统化的信息技术知识与应用能力,掌握对各类信息资源进行收集、整理和开发利用的系统化知识与能力,能够为信息分析研究和信息资

源服务,具备综合运用所学知识分析和解决问题的能力。

要求该专业学生应能熟练掌握管理学、信息管理、管理信息系统的基本理论、基本知识;掌握现代信息技术和信息系统的基本知识和管理应用的能力;具备信息资源组织、信息资源开发、信息分析、信息服务的基本知识和能力;具有综合利用所学知识分析解决问题和进行科学研究的基本能力;了解本专业相关领域的发展动态;具有较强的外语综合应用能力。

五、计算机科学与技术专业培养目标及人才素质要求

1. 培养目标

本专业培养能适应现代化建设需要,德智体全面发展、基础扎实、知识面宽、能力强、素质高且具有创新精神,系统掌握计算机硬件、软件的基本理论与应用基本技能,具有较强的实践能力,能在企事业单位、政府机关、行政管理部门从事计算机技术研究和应用,硬件、软件和网络技术的开发,计算机管理和维护的应用型专门技术人才。

2. 人才素质要求

本专业学生主要学习计算机科学与技术方面的基本理论和基本知识,接受从事研究与应用计算机的基本训练,具有研究和开发计算机系统的基本能力。该专业学生应具备扎实的数据基础理论和基础知识;具有较强的思维能力、算法设计与分析能力;系统掌握计算机科学与技术专业基本理论、基本知识和操作技能;了解学科的知识结构、典型技术、核心概念和基本工作流程;有较强的计算机系统的认知、分析、设计、编程和应用能力;掌握文献检索、资料查询的基本方法,能够独立获取相关的知识和信息,具有较强的创意意识;熟练掌握一门外语,能够熟读本专业外文书刊。

第四节　医药院校信息管理与信息系统专业人才培养目标及人才素质要求的实现途径

一、医药院校信息管理与信息系统专业人才培养目标

全国共有 36 所医药类高校开设信息管理与信息系统专业,其中西医院校 25 所,中医院校 9 所,药学院校 2 所。为总结医药类院校信息管理与信息系统专业人才培养目标的特点和差异,在西医、中医和药学院校中分别选择部分学校作比较,具体培养方案见表 2-1。

表 2-1　7 所医药类院校信息管理与信息系统专业人才培养目标

学校名称	培养目标
重庆医科大学	培养适应我国卫生事业信息化发展需要,具有较扎实的医学知识素养,熟练应用计算机技术,具有系统的卫生信息系统网络管理与规划、电子健康信息管理与利用、卫生信息分析与决策基本知识和基本技能,能在医疗卫生单位、医学院校、医药企业、卫生行政管理、信息服务等部门从事信息分析、信息建设、信息管理等工作,能为决策者提供快速、全面、准确的信息,辅助管理决策的医学信息高级应用型专门人才
内蒙古医科大学	培养具备现代管理学理论基础知识、计算机科学技术知识及应用能力,掌握系统思想和系统分析设计方面,以及信息管理等方面的知识与能力,懂得医学方面的基本理论知识,适应医院信息管理需求,懂外语的医院管理人才
安徽医科大学	培养具备现代管理学理论基础、计算机科学知识及应用能力,掌握系统思想和信息系统分析与设计方法,以及信息管理方面的知识与能力,能在国家各级管理部门、医疗卫生、科研单位等部门从事信息管理以及信息系统分析、设计、实施管理和评价等工作的高级专门人才
安徽中医药大学	培养具备现代管理学理论基础、计算机科学技术知识及应用能力,掌握系统思想和信息系统分析与设计方法以及信息管理等方面的知识与能力,能在国家各级管理部门、工商企业、金融机构、科研单位尤其是医药卫生等部门从事信息管理以及信息系统分析、设计、实施管理和评价等工作的高级专门人才

续表

学校名称	培养目标
福建中医药大学	培养系统掌握信息管理、信息系统分析与设计方法,熟悉现代管理理论、技术与方法,具备一定的中西医学知识,拥有信息系统设计、开发及应用能力,能在卫生、文教、企事业等行政或科研单位从事信息化建设、信息管理以及信息系统分析、设计、实施和评价等工作的综合应用型人才
南京中医药大学	培养掌握信息管理基础理论、系统思想和信息系统分析与设计方法等方面的知识,具备计算机网络技术应用技能、科技信息组织与分析的基本方法,以及经济管理与企业信息管理能力,能在各类政府部门、医院、医药企业从事信息化的管理工作,信息系统的规划、设计、建设与实施工作,信息服务、信息研究利用以及卫生情报分析、管理等工作的应用型专门人才
广东药学院	培养学生具备现代管理学理论、计算机科学技术知识及其在工作中应用的能力,系统思想和信息系统分析与设计方法以及信息管理等方面的知识及其在工作中应用的能力,以及在工作竞争中表现综合素质的能力,培养面向医药基层的复合型技术工作能手和应用型专门人才,满足未来社会市场需求对医药信息系统、医药情报、信息标准、组织、利用和管理等的人才需求

从列出的 7 所医药院校培养目标的表述上看,该专业人才培养目标具有以下 5 个共同特点:

①强调培养具有医药卫生知识背景的专业人才。

②明确本专业培养的是复合型、应用型专业人才。

③都以计算机科学知识、管理科学知识作为专业人才核心知识。

④信息系统的分析设计、实施、应用、维护作为专业人才核心能力,系统开发实现能力作为一般要求提出。

⑤就业方向主要集中面向医疗卫生机构和软件企业,对其他行业也表现出极强的适应性,就业方向较灵活,适用范围广泛。

二、医药院校信息管理与信息系统专业人才素质要求

本文将医药类院校信息管理与信息系统本科专业培养要求分成素质要求、能力要求、知识要求三类,按培养要求涉及的不同要求类别进行收集归类列表,如表 2-2 所示。

表 2-2　7 所医药院校信息管理与信息系统专业人才素质要求

学校名称	素质要求	能力要求	知识要求
重庆医科大学	学生应热爱祖国,具有高尚的民族气节、良好的道德品质和中华民族的传统美德;具有集体荣誉感和团结协作精神;具有强烈的法律意识和法治观念;具有全心全意为人民服务和为社会主义建设服务的意愿;具有较好的文化素养和文学艺术修养;具有勤奋进取、求实创新的科学精神;具有科学的思维和研究方法;具有健全的心理和健康的体魄	具有人际交往意识和初步的人际交往能力;具有创新意识和创新精神;具有终身学习的意识;具有自学、持续学习和计划行动的能力;具有口头与文字表达能力;具有独立思考问题、分析问题、解决问题的能力;具有计算机维护、网络管理与维护、网站建设、信息安全管理、办公自动化等计算机应用能力;具有卫生信息化建设规划和组织实施能力;具有卫生信息管理、卫生信息分析、对数据进行分析评价并提供决策支撑的能力;具备与医学专业人员、信息开发人员交流沟通的能力;具有初步的外语译、写、听、说能力;具有科学锻炼身体的基本技能,养成良好的体育锻炼和卫生习惯,达到国家规定的学生体育和军事训练合格标准	系统掌握数理统计、计算机科学、情报学的基础理论和基本知识,具有较宽泛的人文社会科学知识和相关的自然科学知识;具有较强的计算机和信息应用能力及较高的外语水平;具有扎实的医学信息学专业知识和基本的实验技能;具有较扎实的医学基础知识;具有信息意识和经济管理意识

续表

学校名称	素质要求	能力要求	知识要求
内蒙古医科大学	学习基础医学、临床医学、管理科学的基本理论和知识,掌握信息科学及计算机科学技术在医学中应用、研究和开发的基本能力,具备在医疗卫生、生物科学和医学工程等相关部门和领域从事信息管理、计算机应用、软件研究及开发、网络管理等工作的能力		
安徽医科大学	热爱祖国,拥护中国共产党;具有主动精神、创新精神、协作精神、刻苦钻研精神;具有健全的心理和健康的体魄	了解本专业在医疗卫生领域的应用和发展动态;具有一定的科学方法、医学知识、信息技术和变革能力;具有一定的科研和实际工作的能力	掌握信息管理和信息系统的基本理论和基本知识;掌握信息收集、组织、分析、开发、利用的基本方法;掌握管理信息系统的分析方法、设计方法和实现技术
安徽中医药大学	良好的心理素质,敬业爱岗,艰苦求实的团队合作精神	较强的思维分析能力;系统规划分析设计能力;系统实施应用与维护能力;学习获得新知识的能力;开拓创新能力;人际交往能力	一定的医学知识;现代管理学知识;计算机科学知识;信息资源管理知识;信息系统知识
福建中医药大学	科学的世界观,崇高的敬业精神,严谨的工作作风,积极的创新精神,终身学习的观念,实事求是的科学态度,良好的团队合作精神,健康的体魄和心理,基本的法律观念等	具备信息系统的设计开发和应用技能,信息组织和信息管理的能力;了解专业相关领域的发展动态,具有综合运用所学知识分析和解决问题的基本能力;熟练掌握英语,具备信息管理专业英语的应用能力,并具有较强的计算机应用能力	具备扎实的计算机和信息管理与信息系统方面的理论知识,扎实的信息系统的设计开发和应用知识,扎实的信息组织和管理的知识;有较扎实的经济学、管理学、社会学等人文方面的知识基础;了解基本的中西医知识,一定的体育和军事知识

学校名称	素质要求	能力要求	知识要求
南京中医药大学	具有良好的思想道德品质；身心健康；具有正确的世界观、人生观和价值观；具有良好的职业素质；具有良好的社会沟通与交往能力	具有利用现代信息技术进行信息收集、加工、处理、分析研究和开发的能力；具有综合运用所学知识分析和解决问题的基本能力；掌握文献信息检索、资料查询、收集的基本方法，具有一定的科研和实际工作能力；具有较强的英语听、说、读、写能力，能借助工具书阅读专业英语书刊；进一步自主获取知识的能力	掌握信息管理与信息系统的基本理论和基础知识；掌握信息系统的分析方法、设计方法和实现技术；掌握信息检索理论与方法的知识；掌握计算机科学与技术的基本理论和方法；了解本专业相关领域的发展动态；了解中医药学的基础知识
广东药学院	掌握信息管理和信息系统的基本理论、基本知识；掌握计算机软、硬件的基本知识和软件开发的技能；掌握管理信息系统的分析方法、设计方法和实现技术；具有信息组织、分析研究、传播与知识发现和决策支持的基本能力；具备网络商务管理模式的基本理论和技能；具有综合运用所学知识分析和解决问题的基本能力；了解本专业相关领域的最新发展动态；掌握文献检索、资料查询及收集的基本方法，具有较好的科研和实际工作能力		

从 7 所医药院校对信息管理与信息系统本科专业教育培养要求上看，该专业人才素质要求具有以下一些共同特点：

1. 素质培养方面

（1）对心理素质的要求最多，良好的心理素质是专业人才今后适应社会的必要素质。

（2）对人才的职业道德要求主要集中在敬业精神、吃苦耐劳和个人品格上。

（3）对人才沟通能力及团队合作精神提出较高的培养要求。

2. 能力培养方面

（1）医药院校都将卫生信息系统的组织、管理、应用和维护能力作为该专业人才的核心能力。

（2）对信息资源管理做出了收集、分析、研究、利用的较高能力要求。

（3）对信息系统的开发与实现都只做出一般要求或是未提及。

（4）针对本专业发展迅速、知识更新快的特点，对学习获得新知识的能力都有相应要求。

3. 知识培养方面

（1）医药院校都对医药学基础知识的掌握程度做出一般性了解的要求。

（2）对管理学知识、计算机科学知识、信息系统知识提出培养要求的院校最多，是该专业人才要掌握的核心知识。

（3）重庆医科大学对数学统计知识提出培养要求，福建中医药大学对经济学和社会学提出培养要求，重庆医科大学、南京中医药大学和广东药学院对医学文献检索知识提出要求，各医药院校在信息管理与信息系统专业人才培养上对专业人才应具备知识的侧重点会有所不同，体现出了各自的专业特色。

>>>>>> 第三章

信息管理与信息系统专业的学科基础

第一节　专业学科的理论范式

　　"范式"的概念和理论是美国著名科学哲学家托马斯·库恩阐述的,是指常规科学所赖以运作的理论基础和实践规范,是从事某一科学的研究者群体所共同遵从的世界观和行为方式。

　　信息学科内,早期的"系统范式"和后来的"认知范式"之间并没有无法调和的矛盾,两者实际上是相互补充的关系。换一个说法,它们就是"设计科学"与"行为科学"的关系。西方商学院领域的信息系统研究的发展期正好赶上信息学科的认知观起步期,所以信息系统研究中的"行为科学",也就是"用户视角"研究成了主流。现在,西方信息系统界开始重新重视设计科学,也就是信息学科一直以来重视的系统范式。这种变化充分说明,信息学科内,范式革命并没有发生,传统系统范式和新兴的认知范式正在并行发展。

　　从更广阔的意义来看,信息系统(IS)和 LIS(Laboratory

Information Management System，是专为医院检验科设计的一套实验室信息管理系统）正在信息管理这个大概念下融合。由于科系设置的关系，这种趋势在中国表现得更为明显。在西方，LIS 和 IS 分属于几乎没有任何来往的学院，而在中国，它们被纳入信息管理学院（或信息资源管理学院、资讯管理学院），特别是相关本科专业的设置，导致"信息管理"这个概念在中国比在西方更为流行。

信息管理学科领域研究范式的提法比较多样，例如机构范式、技术范式、信息运动范式等（这些能否称为"范式"还值得考虑）。事实上，除了系统范式和认知范式外，还有资源范式，资源范式主要关注知识和信息客体，而非信息技术和用户。近年来，随着我国图书情报出版领域的信息资源数字化，资源范式研究全面崛起，例如信息资源管理概念的普及、信息资源共享研究的兴盛、领域本体研究的发展、信息政策研究的亮相、数字出版物的繁荣等等，都与资源范式有密切的关系。以上三个范式"资源范式"、"系统范式"、"认知范式"与 iSchool 的知识三角——信息、技术和人相对应，应该算信息学科领域的三大主流范式。除了以上三大范式之外，还有学者提出管理范式、经济范式和过程范式。

第二节　专业学科的研究方法

信息管理学科作为管理门类中一个新兴学科，属于信息学与管理学的交叉学科，是管理学科与工程学科的重点和特色之一，能够体现该学科管理学与工学交叉的研究方向，其研究活动和学科发展也总是离不开相应的科学研究方法论。为此，作为信息管理专业的学习者和研究者，必须熟练掌握并灵活有效地运用管理学与信息学等学科的研究方法，使科学研究活动事半功倍，从而更有效地推动信息管理学科的发展。与此同时，信息管理研究方法论本身也是信息管理学科的重要研究内容之一,是学科体系的重要组成部分,即研究方法论本身既具有工具性,同时也具有对象性。因此,认识和掌握信息管理研究方法论,有利于培养信息管理专业研究人员的科学研究思维、创新意识与创新能力,提高科学研究素养,增长科学研究才干,提高认识社会、分析解决问题的一般能力。一般来说,信管专业学科的研究方法可以分为如下四大类:

1. 经验科学研究方法

包括观察研究方法、调查研究方法、实验研究方法等。

(1)观察研究方法:是指研究者按照一定的计划,为实现一定的研究目标,对研究对象进行系统、全面的观察,从中收集各种现象资料,并进行分析研究的方法。

(2)调查研究方法:是指调查的途径、手段,包括访谈法、观察法、文献法、试点调查法等。

(3)实验研究方法:是由研究者根据研究问题的本质内容设计实验,控制某些环境因素的变化,使得实验环境比现实相对简单,通过对可重复的实验现象进行观察,从中发现规律的研究方法。实验方法首先广泛应用于物理、化学、生物等自然科学研究中。

2. 理性思维方法

包括科学抽象方法、历史方法和逻辑方法、比较和分类方法、归纳和演绎方法、分析和综合方法等。

(1)科学抽象方法:是指在科学研究中通过对经验材料的比较和分析,通过分离、提纯和概括,抽取和把握本质因素,形成科学概念或科学符号,以达到提示研究对象的普遍规律和因果关系的思维方法。包括相互联系的两个方面:一是从具体到抽象,从现象到本质,这是研究问题的方法。要占有大量的具体材料,然后运用抽象思维的能力,去粗存精,去伪存真,由此及彼,由表及里,抽象出研究对象的内在本质的必然联系,提示出规律性。二是从抽象到具体,从本质到现象,这是叙述问题的方法。也就是把研究成果叙述出来时,又必须从最简单、最抽象的规定出发,一步一步上升到复杂的具体的规定。

（2）历史方法和逻辑方法：要求在认识事物时，把对事物历史过程的考察与对事物内部逻辑的分析有机地结合起来，逻辑的分析应以历史的考察为基础，历史的考察应以逻辑的分析为依据，以达到客观、全面地揭示事物的本质及其规律的目的。在运用逻辑的方法研究事物发展规律的同时，实质上就是在对历史进行概括；在运用历史的方法研究事物历史进程的同时，也要通过逻辑分析确定史实之间的必然联系。历史与逻辑相统一的方法体现了历史的方法与逻辑的方法之间的本质联系，它把对事物的逻辑分析建立在对事物的历史过程进行全面考察的基础上，以连贯的历史事实为根据；并用对事物的逻辑分析指导对事物历史过程的考察，把逻辑分析贯穿于历史的考察之中。坚持历史与逻辑的统一考察事物发展规律的过程，实质上是坚持主客观相一致的辩证思维过程。

（3）比较和分类方法：是根据一定的标准，对两个或两个以上有联系的事物进行考察，寻找其异同，探求其普遍规律与特殊规律的方法。比较研究是根据一定的标准，对两个或两个以上有联系的事物进行考察，寻找其异同，探求其普遍规律与特殊规律的方法。按属性可分为单项比较和综合比较，按时空可分为横向比较和纵向比较，按目的可分为求同比较和求异比较，按比较方法可分为定性比较和定量比较。分类方法是根据事物的相同点或相异点，将它们区分为不同种类，从而认识事物共同本质的思维方法。分类的类型有现象分类、本质分类等。

（4）归纳和演绎方法：反映了人们认识事物两条方向相反的思维途径，前者是从个别到一般的思维运动，后者是从一般到个别的思维运动。归纳方法建立在从特殊到一般的推理基础上，演绎方法却是建立在从一般到特殊的推理基础上，所以归纳和演绎恰好是互相对立的两种认识方法。归纳原理被认为是：如果大量的 A 在各种各样的条件下被观察到，而且如果所有这些被观察到的 A 都无例外地具有 B 性质，则所有 A 都有 B 性质。在科学认识活动中，归纳方法应理解为概括由经验获得的事实，演绎方法则应理解为建立逻辑必然的知识体系。

（5）分析和综合方法：是指运用各种统计综合指标来反映和研究社会经济现象总体的一般特征和数量关系的研究方法。分析就是将研究对象的整体分为各个部分、方面、因素和层次，并分别加以考察的认知活动。分析的意义在于细致地寻找能够解决问题的主线，并以此解决问题。综合就是将已有的关于研究对象各个部分、方面、因素和层次的认知连接起来，形成对研究对象的统一整体的认识，是在分析的基础上进行的，它的基本特点就是探究研究对象的各个部分、方面、因素和层次之间相互联系的方式，即结构的机理和功能，由此而形成一种新的整体的认识。分析和综合方法具体包括综合指标法、时间数列分析法、统计指数法、因素分析法、相关分析等。

3. 横向科学方法

包括系统科学方法、控制论方法、信息论方法、数学方法等。

（1）系统科学方法：是指用系统科学的理论和观点，把研究对象放在系统的形式中，从整体和全局出发，从系统与要素、要素与要素、结构与功能以及系统与环境的对立统一关系中，对研究对象进行考察、分析和研究，以得到最优化的处理与解决问题的一种科学研究方法。系统科学方法的特点和原则主要有整体性、综合性、动态性、模型化和最优化五个方面。

（2）控制论方法：是研究复杂系统规律的科学，重点在分析动态的信息控制过程，使系统在稳定的前提下又准又快地工作。自然控制论又发展为社会控制论、智能控制论，是突破了以抽象分析为核心的传统方法，通过能动地把握信息的传输对自然事物进行整体的、综合的动态研究，通过信息处理的能动过程，解决控制（主控）与被控制的矛盾，使系统的运行处于最佳状态，借以实现或达到人们对系统所规定的功能目标的一种现代科学方法。它是在自动控制、电子技术、无线电通信、神经生理学、生物学、心理学、医学、数理逻辑、计算机技术、统计力学等多种学科相互渗透和高度综合的基础上而形成的，是一种新兴的现代科学方法。

（3）信息论方法：是一门应用数理统计方法来研究信息处理和信息传递的科学，是一门具有高概括性、综合性，应用广泛而又带有方法论意义的科学。运用信息的观点把系统的过程当作信息传递和信息转换的过程，通过对信息流程的分析和处理,以达到对某个复杂系统运动过程的规律性的认识。它不同于传统经验方法,不隔断系统的联系,也不是机械的综合,而是一种直接从整体出发联系的、转化的观点综合系统过程的研究方法。

（4）数学方法:即用数学语言表述事物的状态、关系和过程,并加以推导、演算和分析,以形成对问题的解释、判断和预言的方法。它具有以下三个基本特征:一是高度的抽象性和概括性;二是精确性,即逻辑的严密性及结论的确定性;三是应用的普遍性和可操作性。数学方法在科学技术研究中具有举足轻重的地位和作用:一是提供简洁精确的形式化语言;二是提供数量分析及计算的方法;三是提供逻辑推理的工具。现代科学技术特别是电子计算机的发展,与数学方法的地位和作用的强化正好是相辅相成的。

4. 信息管理学专门方法

包括文献信息处理方法、文献计量学方法、引文分析方法等。

（1）文献信息处理方法:是指对以文字、图形、符号、声频、视频等方式记录在各种载体上的知识和信息资源进行处理,包括图书、连续出版物（期刊、报纸等）、小册子以及学位论文、专利、标准、会议录、政府出版物等。

（2）文献计量学方法:是用数学和统计学的方法,定量地分析一切知识载体的交叉科学。它是集数学、统计学、文献学为一体,注重量化的综合性知识体系。其计量对象主要是文献量（各种出版物,尤以期刊论文和引文居多）、作者数（个人、集体或团体）、词汇数（各种文献标识,其中以叙词居多）等。文献计量学最本质的特征在于其输出务必是"量"。文献计量学是以几个经验统计规律为核心的,例如:表征出科技文献作者分布的洛特卡定律（1926）;表征文献中词频分布的齐普夫定律（1948）;确定某一学科论文在期刊中分布的布拉德福定律（1934）等。文献计量学一直围绕这几个定律,沿着两个方向发展:其一是验证与完善这些经验定律;其二是扩大与推广这些经验定律的实际应用。目前,文献计量学应用十分广泛,微观的应用有确定核心文献;评价出版物;考察文献利用率;实现图书情报部门的科学管理;宏观的应用有设计更经济的情报系统和网络;提高情报处理效率;寻找文献服务中的弊端与缺陷;预测出版方向;发展并完善情报基础理论等。

（3）引文分析方法：就是利用各种数学及统计学的方法进行比较、归纳、抽象、概括等的逻辑方法，对科学期刊、论文、著者等分析对象的引用和被引用现象进行分析，以揭示其数量特征和内在规律的一种信息计量研究方法。从不同的角度和标准来划分，引文分析方法有着不同的类型。如果从获取引文数据的方式来看，有直接法和间接法之分。前者是直接从来源期刊中统计原始论文所附的被引文献，从而取得数据并进行引文分析的方法；后者则是通过"科学引文索引"（SCI）、"期刊引用报告"（JCR）等引文分析工具，查得引文数据再进行分析的一种方法。若从文献引证的相关程度来看，则有自引分析、双引分析、三引分析等类型。如果从分析的出发点和内容来看，引文分析大致有三种基本类型：①引文数量分析，主要用于评价期刊和论文，研究文献情报流的规律等；②引文网状分析，主要用于揭示科学结构、学科相关程度和进行文献检索等；③引文链状分析，科技论文间存在着一种"引文链"，如文献 A 被文献 B 引，文献 B 被文献 C 引，文献 C 又被文献 D 引等等，对这种引文的链状结构进行研究可以揭示科学的发展过程并展望未来的前景。

第三节　专业学科的研究内容

信息管理与信息系统专业主要是研究信息管理以及信息系统分析、设计、实施、管理和评价等方面的基本理论和方法。通俗地讲，就是从信息中发掘财富。现代社会正是信息化社会，大量纷繁的信息如何管理，并且从中获得有效的信息，正是信息管理科学的研究重点。与计算机结合，将计算机作为工具，使信息管理更加有效和实用。随着企业经营规模的现代化，对信息管理的要求越来越强烈。

总体而言，信管专业应以信息管理、计算机科学、管理科学三个方面的

知识为平台,构筑信息管理学科基础(内核),隶属管理科学与工程大门类。具体内容应包括:

1. **信息管理课程**

包括信息管理学、信息资源建设、信息组织、信息存储与检索、信息分析研究、管理信息系统分析与统计、文献信息管理系统分析与研究、信息检索语言、科技档案信息管理等。

2. **计算机科学课程**

包括计算机基础、操作系统、计算机语言、程序设计、数据结构、计算机网络、多媒体技术、数据库技术等。

3. **管理科学课程**

包括管理学原理、生产与运作原理、市场营销学、组织战略与行为学、经济学原理、信息经济学、知识经济学等。

第四节　专业学科的发展

面对信息科学与技术的发展,信管专业的学科发展前景十分看好,社会对信管专业毕业生的需求也不断加大。随着学科的建设,由原有图情档专业设立的信管专业的学科实力也逐步增强,在信息科学的冲击下完成了传统学科的现代转型。Michael D. Myers 教授认为,随着学科领域的不断扩张,新的分支学科将会产生,研究的对象也会从组织管理领域扩展到整个社会和单个人的个体。

关于信管专业的发展前景,相关学者的观点可归纳如下:

1. **相关领域的整合与互补**

基于以上所述信息管理与信息资源管理、管理信息系统、图书馆情报学、档案学等相关领域的关系,可以看出在信管专业发展的同时,也是相关学科整合与互补的过程。一般来说,在管理学院课程设置中,无论是工商管理还是信息管理,管理信息系统都是核心课程。现在图情档都划归信息资源管理范畴,这些传统专业都会以信管专业为其学科建设的方向和指针。这些领域在研究范围上都有大量交叉,各领域的整合才能集中最优势的资源,无疑只有这样信管专业才有竞争力。

2. 相关学科的交叉与拓展

根据以上所述,信管学科和管理科学与工程、经济学、计算机科学与工程,都有着密切的关系。这些学科的交叉不但有利于学生的知识拓展,更重要的是,随着信息社会的来临,相关学科的交叉与拓展已经成为各学科发展的新生长点,或者说信管专业未来发展的生命力在于相关学科的交叉,并不在学科本身,这应该是各应用学科的共同特征。

>>>>>> 第四章

信息管理与信息系统专业课程体系

第一节　课程设计思路

随着社会的不断发展,科技人才所需知识之间的交叉越来越明显。信息系统与信息管理专业作为一门新兴的、多学科相互融合的交叉学科,它所培养出的学生正是社会需求的复合型人才之一。信管专业立足于管理学科,以现代信息技术为手段,以信息资源管理为核心,主要侧重信息系统的应用与集成开发。本专业于1998年由国家教育部将管理信息系统等五类专业合并而成,经过十余年的发展,专业所培养出的学生得到了社会的普遍认可和赞同,为我国的信息化建设培养了大量的既懂信息技术又懂管理的复合型人才。随着科技的不断进步,信管专业也得到了迅速的发展,但在当前社会中,信息管理行业对从业人员的知识结构和实际运用能力提出了更高的要求,如今信管专业在人才培养过程中面临着严峻的挑战,不仅要让学生掌握深厚的专业理论知识,还要培养他们具有较高的实际运作能力,即在新的社会需求和经济运作模式下,专业所培养出的学生要能够与社会的实际需求相吻合、相匹配,更加注重和强调专业培养过程中学生创新能力的培养。

一、信息管理与信息系统专业的现状

近年来,国内高等教育出现了新的发展趋势,应用型本科已得到高教部门、专家学者的广泛认同。高等学校教学研究会成立了应用型本科院校专门委员会,确定了北京市 12 所应用型大学;教育部自动化专业教学指导委员会正式推出了"应用型本科专业规范";教育部在质量工程项目中评审两类特色专业,其中"第二类特色专业"指向应用型人才;接着教育部又评审"人才培养模式创新实验区",分为"拔尖创新人才"和"应用型人才",显示出在高等教育发展中分类指导的趋向,标志应用型本科已进入普遍实施阶段。应用型本科教育的本质特征是面向区域或地方经济社会发展办学和培养人才,产学合作方式是应用型本科人才培养的重要途径。目前,越来越多的大学明确了建设应用型大学的目标,并将这一目标逐渐深化到教学改革的实践层面。

应用型教育培养应用型人才,应用型人才与学术研究型人才的最大不同是其强调解决实际问题的能力。因此,应用型人才培养的课程体系不仅要有较为系统的学科理论知识,而且要有全面、综合的技能培养模块,重点在于技术应用性、综合性课程的构建。

信管专业是信息管理与信息系统专业的简称,该专业主要是研究信息管理以及信息系统分析、设计、实施、管理和评价等方面的基本理论和方法,通俗地讲,就是从信息中发掘财富。现代社会是信息化社会,如何管理纷繁复杂的信息,并且从中获得有效的信息,正是信息管理科学的研究重点。与计算机结合,将计算机作为工具,使信息管理更加有效和实用。随着学科的建设,原来的图书情报档案专业设立的信管专业的学科实力也逐步增强,在信息科学的冲击下完成了传统学科的现代转型。

"信息管理与信息系统"专业培养信息化建设需要的人才,其直接面向

的职业是"企业信息管理师"。这一职业要求人才除了具备一些基本能力,如管理沟通、协力合作和组织实施的工作能力,信息组织、分析研究、传播与开发利用能力,数据库分析、设计、实施与维护能力,应用程序设计与实现能力,计算机应用维护等能力外,还需要具备一些核心能力,如信息资源规划、信息系统开发、信息系统运作与管理维护、信息化管理等能力。其中,基本能力可以通过单项的课程或实践得以培养,而核心能力就需要依靠综合性课程与实践环节来获取,因此,建设综合性课程是深化应用型人才培养的重要举措。

二、信息管理与信息系统专业综合课程体系构建

信息管理与信息系统专业是一个覆盖面比较广泛的专业。本专业内容涵盖经济学、管理学、计算机科学和信息管理学等学科。信管专业的目标是培养具备现代管理学理论、计算机科学与信息技术知识应用能力、掌握信息系统分析与设计方法以及信息管理等方面的知识和能力的高级应用型管理人才,为信息化建设服务。根据实际,信管专业定位于着重培养从事信息管理和信息系统分析、规划、设计、开发、管理与维护的高级应用型本科人才,强调学生的实践性与应用性能力的培养。

1. 确定信管专业的教学目标

从目前已就业学生的工作实际看,学生在校经过一系列分立课程学习和毕业设计环节后,进入社会工作,往往不能很快适应工作岗位对人才能力的需求。为进一步弥补学生在校获得的专业能力与社会实际工作能力,即解决实际问题能力之间的差距,突出应用型人才培养特色,基于广泛的行业调查、专家意见和多年的办学实践,计划在新版培养体系中开设一项综合性课程,即"管理信息系统开发实务"。

2. 对信管专业教学任务的分析

解决一个实际问题需要多种能力,除了需要专业的理论知识、技术与技能以外,更需要具备其他方面的能力,如发现问题能力、独立分析问题能力、管理沟通能力、团队协作与合作能力、组织实施能力、自主学习能力、自我修正与完善能力等。"管理信息系统开发实务"课程应能将学生此前学过的单门课程知识及单项能力接续起来,综合这些课程的理论知识、专业技术,同时也应将学生非专业能力的培养融于其中,从而达到培养综合应用理论知识和专业技术来解决实际问题的能力。

3. 信管专业教学模式设计

为使该综合性课程达到较为理想的效果,通过此教学环节使学生分析问题、解决问题的能力以及专业核心能力得到全面训练。基于建构主义学习理论,以学生为中心进行教学模式设计。教学模式设计应特别强调学生为主体的原则,强调学生应通过同化与顺应手段来解决问题,强调学生与环境的交互作用,强调设计适应学生自主学习的环境。考虑到教学任务的综合性,需要设置多种教学手段与方法以强化培养学生的各种能力,通过以"问题"为中心,即以一项具体的信息系统开发任务为驱动,以多种"方法"为中介,以"实际系统模板"为评价依据来搭建教学环节。

"任务驱动教学法"是一种建立在建构主义教学理论基础上的教学模式。教学过程以学生为主体,围绕同一个目标任务,教师与学生的各项子任务均基于这个目标进行。在任务驱动下,学生对任务目标进行积极主动的探索,在分析问题、解决问题的同时又提出新的任务,形成一个不断提出问题、分析问题、解决问题的循环教学模型。这种教学方法完全符合信息系统开发的层次性,有利于培养学生发现问题、分析问题的能力,同时也能激发学生的学习热情,促进主动学习,提高学生自主学习的能力,开发学生的创新思维及创新能力。

"实际系统模板"是教学体系开发的一项内容,为引导学生规范开发实际的信息系统,合理考核与评价系统,达到培养学生自我修正与完善的能力,培养学生良好的专业素质等。再做信息系统开发项目时,要求具有项目开发的背景说明,用于引导学生分析系统开发的意义,从而提出贯穿于整个教学过程的开发任务;要有完整的系统开发文档与实现代码,用于在课程后期作为考核学生的标准系统。

课程体系具体阶段说明如下:

第一阶段,问题引入。由系统模板的项目开发背景说明,以及具体企业、系统功能等说明,引导学生重构知识体系及技能、收集资料,使学生明确课程学习及实践的最终目标、任务、步骤及要求,从而确定一个具体的系统开发任务。

第二阶段,"案例"法是基于建构主义强调"情境"对意义建构的作用机理而设计的。虽然学生已学习了开发信息系统有关的单门课程,具有开发系统的理论、知识与单项能力,但如何将这些知识与技能综合起来完成信息系统的分析、设计、实施与管理等任务,还需要教师的引导。因此,以一个信息系统开发案例由教师运用启发式教学方法,引导学生通过同化与顺应手段来认识完成任务的具体过程,从而有利于培养学生综合应用知识与技能来解决实际问题的能力。

第三阶段,"调查研究法"是基于建构主义强调学习环境的设计而设计的。管理信息系统是解决企业信息管理需要,提高管理效率而开发的,信息系统应符合企业的管理实际,因此有必要让学生到企业中调查、研究管理业务,熟悉业务流程,从而回答企业为什么要开发信息系统、系统主要有哪些功能,系统实施需要符合哪些规范等问题,进而对信息系统做出科学合理的分析与设计,这将有利于培养学生发现问题、分析问题的能力,培养学生自主学习能力及创新能力。

第四阶段,"合作讨论法"与"自主学习法"相结合,前者强调协作学习对意义建构的作用,后者强调各种资源支持学生的自主学习。合作讨论是指当开始解决调查阶段产生的问题、进行信息系统分析与设计工作时,提倡学生与周围环境的各种交互与交流,可以自由组织团队进行讨论与分析,彼此激励、互相帮助,培养学生的管理沟通、团队协作与合作能力,以及组织实施能力。自主学习是指学生对自己的工作任务进行分析,利用各种来源的资料与信息独立完成自己的工作任务,培养学生自主学习能力,并使专业知识与技能得到进一步提升,强化核心能力的培养。此外,独立完成的任务可以激发学生的自信心和成就感,促进学生综合素质与能力的提高。

第五阶段,"模板点评法"是对学生完成教学任务即对开发的系统进行综合评价而设计的。具体方法是通过比较模板与学生开发的信息系统,在规范性、功能性、技术性、创新性等指标方面找出共同点、不同点以及差距,借此教师制定考核标准,对学生进行合理评价。学生通过比较模板,可以学习标准模板的开发过程、系统分析与设计文档、系统实施的技术与方法以及规范的系统开发风格,在构建知识体系与技术能力训练方面又进了一步,这也为学生下一步的毕业设计环节提供有意义的引导,引导学生自主、主动地修正能力中的不足,拓展自己的知识体系,从而有利于培养学生的自我完善能力、良好的专业素质以及构建核心的专业能力。

三、信息管理与信息系统专业课程建设的内容与方法

课程建设的主要内容有:制定课程实施的教学方案,制定教学大纲、实践教学大纲和实践指导,编写电子课件,制定管理办法及方案,制定考核或评定标准,最终形成一套完整的教学文档。

在设计教学环节中,引导学生在特定任务驱动下,学习如何进行系统开发,锻炼学生自主学习设计系统的能力。

第二节　课程设计原则

一、概述

信息管理与信息系统专业主要是研究信息管理以及信息系统分析、设计、实施、管理和评价等方面的基本理论和方法。通俗地讲,就是从信息中发掘财富。现代社会正是信息化社会,大量纷繁的信息如何管理,并且从中获得有效的信息,正是信息管理科学的研究重点。与计算机结合,将计算机作为工具,使信息管理更加有效和实用。随着企业经营规模的现代化,对信息管理的需求越来越强烈,例如铁路订票系统,就是对车票这种信息的查询

和管理系统。可以说软件开发最主要面向的客户就是帮助企业制作良好的信息管理系统。信息管理涉及咨询、服务、物流等很多行业,有很多的就业机会。

信管专业可以分为三大专业课程体系:信息管理、计算机科学、管理科学三个体系。

信管专业应以信息管理、计算机科学、管理科学三个方面的知识为平台,构筑信息管理学科基础(内核),隶属于管理科学与工程大门类。具体内容应包括:信息管理课程、计算机科学课程、管理科学课程。

其中,信息管理课程包括:信息管理学、信息资源建设、信息组织、信息存储与检索、信息分析研究、管理信息系统分析与统计、文献信息管理系统分析与研究、信息检索语言、科技档案信息管理等。

计算机科学课程包括:计算机基础、操作系统、计算机语言、程序设计、数据结构、计算机网络、多媒体技术、数据库技术等。

管理科学课程包括:管理学原理、生产与运作原理、市场营销学、组织战略与行为学、经济学原理、信息经济学、知识经济学等。

二、信息管理与信息系统专业的发展前景

1. 相关领域的整合与互补

基于以上所述的信息管理与信息资源管理、管理信息系统、图书馆情报学档案学等相关领域的关系,我们可以看出信管专业在发展的过程也是相关学科的整合与互补的过程。一般而言,在管理学院课程设置中,无论是工商管理还是信息管理,管理信息系统都是核心课程。现在图书情报档案都划归信息资源管理范畴,这些传统专业都会以信管专业为其学科建设的方向和指针。这些领域在研究范围上都有大量交叉,各领域的整合才能集中最优势的资源,无疑只有这样信管专业才有竞争力。

2. 相关学科的交叉与拓展

据以上所述,信管学科同管理科学与工程、经济学、计算机科学与工程有着密切的关系。这些学科的交叉不仅有利于学生的知识拓展,更重要的

是随着信息社会的来临,相关学科的交叉与拓展已经成为各学科发展的新增长点,或者说信管专业的未来发展生命力在于相关学科的交叉,并不在学科本身,这应该是所有应用学科的共同特征。

在这里,要特别提到信管专业与计算机专业的关系。目前,我国该类专业的计算机教育中有两种倾向均不可取:一种是过分强调计算机的工具性,仅仅给学生教授一些计算机的基础知识和传统管理手段,计算机化即宣告完成;另一种则过分夸大计算机的重要性,恨不得将所有的计算机专业课程都传给学生,将信息管理系办成准计算机系。这都是未弄清专业知识结构中计算机科学的地位和作用。我们知道,"信管"专业学生未来从事的领域是信息管理和信息系统,而不是计算机算法理论或硬件理论,也不是计算机自身资源的管理,只是将其作为工具和手段,因而对计算机科学知识的学习应该侧重于应用。这需要我们首先端正态度,立足于服务,立足于应用;其次再针对计算机应用的具体情况开设有关课程,重要的是应用软件的开发和维护,或者在人才培养上分类,比如可以分为技术型、工程型、管理型等。

3. 趋同倾向

我们还记得清华人的自信,他们说别的信管专业都是由图书情报档案专业转型过来的,只有他们才是嫡传,包括临近的北大也是这样。这或许是由他们的实力决定的,毕竟他们在信管专业排名中高居榜首。但随着时间的推移、各校传统图书情报档案专业学科转型的完成,清华也不得不承认其他学校的信管专业也是真正的信管专业,而不管它们当初的出身如何。从这个意义上说再过几年或十几年后,人们将不再注意信管专业的出身,因为这已经没有任何意义,我们除了可能看出它们培养方向上的些许区别,但这已经不重要了。在趋同倾向的专业发展过程中,信管专业学生的就业前景,或者说社会的认可无疑是决定性的,正如信管专业是随着中国信息化进程的推进应运而生的一样。

总之,信管专业课程设置的特点是应用性、综合性、规范性及自主性。其中,应用性是指该课程的教学模式、教学内容等均突出了应用型人才的培养特点;综合性是指不仅使学生的专业核心能力得到训练,而且也使学生解决实际问题所需要的非专业能力得到训练和培养,使学生专业能力与综合素质得到全面提高;规范性是指规范的管理信息系统模板,从而可以引导学生遵守行业规范,提高专业素质;自主性是指学生可以根据对管理业务及流程的理解,独立开发信息系统,培养学生自主学习的能力,激励学生的创新意识,培养学生的创新能力。

第三节　基础课程与核心课程介绍

一、信管专业培养目标及业务培养要求

1. 信管专业培养目标

国家颁布的《普通高等学校本科专业目录和专业介绍》中,对信息管理与信息系统这一专业的业务培养目标是这样表述的:"本专业培养具备现代管理学理论基础、计算机科学技术知识及应用能力,掌握系统思想和信息系统分析与设计方法以及信息管理等方面的知识与能力,能在国家各级管理部门、工商企业、金融机构、科研单位等部门从事信息管理以及信息系统分析、设计、实施、管理和评价等方面的高级专门人才。"

信管专业的培养目标是:本专业培养具有扎实的信息管理与信息系统知识和管理学、经济学及医药学知识,主要从事医院和医药企业的信息管理、信息服务、信息研究利用,以及卫生情报分析、管理的综合性、实用型专门人才。

2. 业务培养要求

该专业的学习期要求是能系统掌握信息管理科学的基本理论、方法与技能,掌握本专业所必需的管理学、宏微观经济学、计算机网络、计算机组成原理和中医药学的基本知识及人文社会科学知识,具有利用现代信息技术进行信息管理与信息开发的基本能力。

3. 信管专业的学生应具备的知识和能力

①掌握管理学、信息资源管理的基本原理与现代管理科学的基本技能。

②掌握中医药学的基础知识。

③掌握计算机科学与技术的基本理论和方法。

④具有利用现代信息技术进行信息收集、加工、处理、分析研究和开发的能力。

⑤具有较强的英语听、说、读、写能力，能借助工具书阅读专业英语书刊。

⑥进一步自主获取知识的能力。

二、信管专业的主干学科和主要课程

主干学科包括：管理学、计算机科学与技术、经济学。

主要课程包括：管理学、微观经济学、宏观经济学、统计学、运筹学、数据结构、数据库原理与应用、计算机组成原理、计算机网络、Visual C++ 程序设计、管理信息系统、信息资源管理、信息系统的分析与设计、医药企业管理等。

三、信管专业的业务教育的基本要求

改革传统的教育思想、教育内容和教学方法，贯彻理论联系实际的原则，切实加强现代管理科学、经济理论、计算机和网络知识、中医药基础知识的教学，注重对学生从事信息管理与信息系统工作所必需的基本能力的训练，密切教与学、学与用的关系。基础课教学注意系统性，又符合专业需要。专业课紧密联系当前医药信息管理工作的实际，提倡自学与讨论，充分发挥学生的学习主动性与积极性，培养学生独立分析问题、解决问题的能力，使学生经过系统的学习与实践，熟悉我国信息化发展的方针、政策和法规，了解开展信息管理与组织信息化工作的环境，特别是掌握医药信息管理的方法和技能，能够运用管理科学、信息科学知识从事信息管理特别是医药信息管理与研究工作。增加选修课，扩大学生知识面。

毕业实习在学习期间的第八学期进行，以企事业单位的信息管理实践为主，采取学校联系和个人联系相结合的方法落实实习单位。

四、信管专业课程建设的思路

高校信管专业的教育目标是为社会培养信息管理人才和信息系统的建设人才,在社会快速信息化、网络化的形势下,高素质信息化人才的培养更为迫切。事实上,信管专业是一个新兴专业,它的教学内容涵盖了数学、计算机、通信、物理、工程和管理学等诸多自然科学和社会学科的知识,知识体系庞杂,许多课程理论性过强;同时,本专业的学科定位并不像会计专业、人力专业、建筑专业等其他专业一样那么清晰,它实际上界于工科和文科之间的交叉点上,管理中有技术,技术中有管理;另外,本专业的口径过宽,行业归属、就业岗位的选择面较广。针对信管专业自身的特点,提出以下几点课程建设的思路:

1. 发展思想

课程建设与学科建设同步进行,努力创建知识、能力和素质三位一体、有机结合的课程体系。加快更新改造传统课程。课程建设与专业调整同步进行,以本科专业重点课程建设为主推动其他专业的课程建设。以主干课程为建设重点,逐步优化课程体系,使其适应应用型高级信息管理与信息系统人才的培养目标。

2. 建设目标

建设目标包括两个方面:首先优化课程体系,制定课程标准,不断开发新课程;其次,积极探索培养信息管理与信息系统人才的教学新模式。

3. 实施措施

(1)课程教改的重点是:根据学院的总体计划,加强理论基础教学,扩充高新技术的知识点,更新课程内容,增开选修课的门数,突出学生的实践技能和实践课的时数,加大实践实训课时,开展各类讲座丰富学生知识领域,侧重于培养学生自学能力与自我更新知识的能力。以学生的兴趣为出发点,不断扩大学生的知识面和专业素养,提高学生的社会适应能力。

(2)编写具有本学科特色、借鉴国内外相关教材特色的系列教材,并开展网络课程建设的工作,推广精品课程建设。在教材建设方面,多年来我院按照学院制定的要选用高水平的教材的策略,积极选用教育部推荐的获省部级以上奖励的教材或"面向21世纪课程教材",或公认水平较高的优秀教材。这些教材的内容有利于素质教育,适应市场需要,注重培养学生综合素质、创新精神和实践能力。经过试用,师生普遍反映良好,学生的知识结构、理论水平、实际动手能力等综合能力均有不同程度的提高。

(3)专业课程体系设计的模块有:公共必修课、专业基础课和选修课,专业课,实践环节(包括毕业设计)。

(4)专业主干课程要符合教育部颁布的本科毕业目录要求;基础课程根据专业课程的需要设定,要考虑到学生深造考研的需求,打好扎实的基础;选修课程根据毕业生择业的要求以实用为主,并根据该专业的具体方向,有针对性地开设前沿技术课程;主干课程教材主要选用"面向21世纪课程教材",建设与课程配套的专业实验课程体系,加强实验教学。

(5)加强图书资料建设,积极积累优秀多媒体课件及资料,努力建设网络课程课件,丰富教学手段。重视试题库的建设,注重系部专业资料库的建设,成立系部的专业资料室。

总之,要注重信管专业课程体系的优化和改革是构建信管专业学生创新能力培养的基础平台,各院校结合学校特色或者地方特色开设课程,要使本专业培养的学生具备竞争能力,仅知识面广是不够的,必须培养他们在掌握广博知识的同时,还要根据社会当前需要和未来发展需求、高校的办学特色或者地方特色进行课程设置,使学生具备某一方面的专业竞争能力。

信管专业既不同于计算机专业,也不同于一般的管理专业,更不是计算机与管理专业的简单叠加和结合,本专业课程的设置要充分体现各高校的不同特色,除核心专业课程外,还要根据不同高校的服务定位来增设信息系统在不同领域中的应用类课程,从而增强学生对社会的适应性。不同专业的院校应体现特色办学的理念。

第四节　实验与实践教学

　　"信息管理与信息系统"是一个技术应用型专业,分析其面向的职业核心能力,无论哪一个都是以"信息系统"为核心。以计算机技术应用为根本,特别是信息系统开发这一核心能力,更是其他几个核心能力培养的基础,因此应用型本科以"管理信息系统"为专业建设方向,以信息系统分析、设计、实施、维护与管理为学生的核心能力培养目标,无疑是符合以应用型人才培养技术学科为主的基本思路。

　　"信息管理与信息系统"专业所依托的学科有经济学、管理学、计算机科学与技术。传统的培养计划是将学科理论知识与技术课程的简单相加,应用能力培养也只是增加这些课程的实践环节,只能增强学生的单项理论知识和技术应用能力,这与实际工作需要的能力还有很大差距。近几年的应用型办学实践表明,只强调学科领域分立课程的教学和实践改革是远远不够的,应用型人才的培养目标即解决实际问题的能力很难达到理想效果,在课程体系中需要设置将这些单门课程综合起来的教学环节,通过开设此综合性教学环节以培养学生解决工作实际问题的能力,进一步提升学生的专业技能与核心能力。

一、信管专业毕业生实习目的

　　毕业实习是实践性的教学环节,是培养学生综合运用大学中所学理论知识去解决实际问题的基本能力训练,也是顺利完成毕业环节教学的基础和前提。

　　通过毕业实习,信管专业毕业生需达到的方面有:

　　1. 较全面、深入地了解和信息管理与信息系统相关的工作及其重要作用,熟悉信息管理的主要业务内容,以及信息系统开发与应用的特点和意义。了解在实际工作中如何进行有关信息管理与信息系统方面的业务活动,推进企事业单位的信息系统建设,使学生对所学专业的意义和特点有更为全面的认识。

2. 帮助学生进一步消化、补充和巩固已学到的专业理论知识。通过实践环节,检查学生对所学知识的理解程度、掌握程度和实际应用的能力,检查学生与毕业论文(设计)有关的各项准备工作的计划性和完善程度。

3. 有针对性地锻炼学生观察问题、分析问题和解决问题的能力,促进学生将所学理论与实践相结合,培养他们脚踏实地、扎扎实实的工作作风,为今后顺利地走上工作岗位打下一定的基础。

二、信管专业学生能力培养要求

实践教学的目的是让学生掌握和运用各项专门知识与技术,开展信息管理与信息系统专业有关的实验、科研、开发等活动的基本能力,具备综合运用所学知识分析和解决问题的能力。能力培养要求主要围绕以下几个方面进行:

(一)职业能力

信管专业的学生通过四年的学习,要系统、全面地掌握信管专业的基本理论知识,接受必要的基础研究训练,特别是应用研究方面的科学思维和科学实验训练,具有初步的经济学、管理学素养和良好的计算机科学素养以及一定的应用和科研能力。应该培养学生的职业能力如下:

1. 现代经济与管理理论的应用能力

具备经济学的基本理论与分析方法,具备运用一定的经济手段,来管理信息资源的能力;具备现代管理理论基础,掌握企业管理、人力资源管理、市场营销的思想、管理流程。

2. 信息处理的基本能力

能辨识自己的信息需求;能了解完整的信息和智慧决策之间的关系;能陈述信息问题,表达信息需求;知道可能有用的信息资源;能制定妥善的信息检索策略;能使用信息资源;能评估信息的相关性及有用程度;能合理组织信息使其具有实用性;能组合新信息成为自己原有知识的一部分;能将信息应用于批判性思考及解决实际问题。

3.数据库技术应用能力

掌握数据库的基本理论知识；掌握不同类型的数据库的建立、管理、查询、备份和恢复技术；能将收集到的信息进行分析研究、分类、整合，用数据库技术实现集中管理。

4.计算机网络技术应用能力

理解计算机网络的体系结构、网络参考模型,掌握局域网和网络互联技术、网络操作系统、网络工程的相关技术；能根据实际应用需求,构建满足要求的网络系统；具有对网络实施管理、维护的初步能力。

5.信息系统的规划、设计、开发、集成、管理和维护能力

能综合运用所学知识,整合各类信息资源,运用信息系统的分析方法、设计方法和实现技术,进行规划、设计、开发、集成、管理和维护信息系统。

（二）可持续发展能力

1.多视野认知能力

通过学校开设的通识课程的学习,培养学生多视野认知能力和综合能力,服务于学生个性及其特长的形成。

2.自主学习的意识和能力

具有良好的自主学习习惯,能科学地制订学习计划和有效管理自己的学习时间；掌握科学的思维和学习方法；善于利用一切学习资源辅助自己的学习；树立终身学习的观念,对知识的获取具有较强的欲望和能力。

3.学科拓展能力

具备信管专业方面可持续发展的基本知识,了解本专业的理论前沿、应用前景和最新发展动态；能对所在地的信息系统的应用状况有较深入地了解,能对所在地的信息系统建设问题提出自己的见解和构想；掌握文献检索、信息查询的基本方法,具有一定的科学研究和实际工作能力,能在教师的指导下规划、设计和开发出满足实际需要的信息管理系统或者撰写有一定水平的经济、管理类科研论文；毕业生能很快胜任与所学专业有关的各项工作或继续深造。

三、信管专业毕业生实习总体要求

毕业实习作为学生在校期间最重要的实践环节,信管专业作为一门基础应用结合的课程,实习对于信管专业的毕业生尤为重要。因此在实习中,是以实习单位为课堂,聘请实习单位中有丰富实践经验的管理工作人员为指导教师,认真完成毕业实习,使其真正收到实效。在实习过程中,要求学生做到:

1. 严格按照规定时间进行实习,不得提前结束实习,也不得未经批准随意延长实习时间。要遵守实习单位的劳动纪律和各项规章制度,树立良好的职业道德和组织纪律观念。与实习指导老师和实习单位搞好关系。

2. 对在实习中悉知的商业秘密要保密。借阅实习单位提供的各类文件、数据等资料,必须严格按照有关规定妥善保管,用后完整归还。

3. 为保证毕业实习后续环节(毕业论文)的顺利进行,要求学生在实习中注意系统收集和全面了解与毕业论文(设计)内容有关的数据、资料。要深入了解毕业论文(设计)的相关背景情况,系统查阅有关文献,熟悉毕业论文(设计)的研究思路、技术途径、方法步骤和实际经营管理活动中现有的相关研究成果。

4. 虚心学习,勤奋探索,认真求教。善于总结并尊重实践工作经验,尊重实习单位员工。认真做好实习笔记,撰写实习报告。

5. 实习过程中,注意应经常与学校指导老师保持联系,及时汇报实习情况,听取老师对实习过程的指导与建议。

四、信管专业毕业生实习内容

(一)信管专业毕业生实习目的

1. 通过毕业实习检验学生们的理论联系实际的能力。

2. 毕业实习是大学学历教育的必要环节,通过毕业实习为学生走向社会、走向工作岗位奠定基础。

3. 毕业实习是毕业设计的重要基础,学生毕业实习中的具体实践为后面的毕业设计奠定了坚实的基础,为同学们提供了理论联系实际的环境。

（二）信管专业毕业生实习要求

1. 要求学生充分认识毕业实习的重要性。实习是一个人由学习阶段走向社会实践的一个过渡阶段,要有目的地应用此阶段中的有利因素,多向相关人员请教。实习时要做到踏实、谦虚、认真。

2. 实习中要主动、独立、热情地完成实习项目,注重理论与实际的紧密结合,利用所学知识进行产品的市场调查、企业产品推销,为社会、为企业创造财富。

3. 初入社会,要谨慎行事,注意人身的安全、公共财物的安全,要遵守社会规范和企业规章制度。要体现出大学生的精神文明风貌。要自尊、自爱、自强,关心集体,爱护公物,不要做有损于学校荣誉的事。有事及时同相关的指导教师通报。

（三）信管专业毕业生实习具体内容

毕业实习是学生接触社会、将理论付诸于实践的教学过程。每位学生都要积极参加,信管专业毕业生也不例外。学生通过一段时间的实践,熟悉信息管理、信息系统开发与应用等相关岗位上的具体操作,了解实际工作中信息管理以及信息系统开发与应用的具体工作流程及不同模式,从而使已学过的专业知识与实践相结合。

毕业实习的具体内容是:

1. 收集毕业论文相关资料,了解实习单位的组织机构,尤其是与信息技术相关的组织机构的设立及其职责权限的划分情况。

2. 参与实习单位的信息处理过程,了解实习单位的信息处理流程,绘制主要业务的数据流程图。

3. 参与实习单位的信息管理或信息系统的设计与应用活动,包括系统分析、系统设计、系统实施、系统维护、系统安装与网络建设以及系统培训和使用指导等工作。

4. 分析评价实习单位在信息管理和信息系统应用工作中制度规范的制定和执行情况与不足,并提出合理化改进意见。

五、信管专业毕业生实习方法

采取一般实习和专题实习相结合的方式进行,两类实习时间的具体安排可根据实习要求和实习单位的实际情况商定。

1. 由实习单位根据我校实习大纲的要求,结合本单位实际情况,制订出具体部门实习和专题实习的实施计划。

2. 在实习期间,由实习单位指定人员带教,负责学生的业务指导,带教老师要固定,对学生要严格要求,循循善诱。

3. 具体实习内容由实习单位统筹安排,一般在实习单位各级管理部门或职能部门进行。

4. 由所在实习单位指导老师根据实习大纲要求和实习进度,安排有关专题辅导,以讲座形式介绍与实习业务有关的管理知识和技能。

5. 学校组织专业教师,定期了解实习情况,必要时协助带教老师对学生的专题实习做一些业务辅导。

6. 学生在实习过程中应每天书写实习工作日志,详细记录实习内容和方法、经验体会。

六、实习组织与管理

组织与领导

在实习期间,学生的政治、业务、党团组织生活以及生活管理等各项工作,均在实习单位的领导下统一安排;实习单位制订具体的实施计划,在实习中如遇特殊情况,可在确保实习质量的情况下做适当修改,并应及时与学校有关部门联系。

师资配备

实习单位有专人负责实习工作,各实习科室均有带教老师,带教老师应具有丰富的实践经验和相应的技术职称。

实习纪律

学生在实习期间,除了遵守大学生守则、学校学生管理制度和实习单位规章制度外,实习期间还必须遵守以下纪律:实习学生必须按规定日期到实习单位报到,并按规定日期结束实习离开实习单位,实习中途异地轮换必须严格遵守有关的时间规定,不得中途脱节,未经批准擅自延迟报到或提早离开均作旷实习论处;实习期间法定节假日原地休息,对擅自离开实习单位所在地去外地旅游者,作旷实习论处;实习期间因工作需要加班者不应补假;星期日值班可以补休,但不得集中休假,不得把假期累积起来擅自回家外出;实习期间一般不得请假,如有特殊情况,须严格遵守请假制度,病假须有医院证明,请假一周以内由实习单位领导批准,一周以上须经实习单位同意,报学校批准;未经请假或未经批准擅自离开实习单位,以及请假超假者,均作旷实习论处;无论因事假或病假,缺实习一周以上者必须补实习,如果缺实习的时间达到实习总时间1/3者,应予休学;在实习过程中,由于工作不负责,造成事故或不良影响者,应严肃处理;不得在宿舍内留亲友或同学住宿,不得私插电炉,上班时不得会客;保持宿舍整洁卫生,不得在宿舍大声喧闹,经常打扫卫生,美化环境;积极参加实习单位的时事政治学习和各项政治活动。以上各条纪律如有违反者,视其错误性质和情节轻重给予批评教育和必要的纪律处分。

总之,信管专业学生通过几年的基础理论课程的学习及实践,毕业时应获得的知识和能力体现在:较系统地掌握信息管理和信息系统设计、维护的基本理论、基本知识;掌握管理信息系统的分析方法、设计方法和实现基本技术;掌握信息组织、信息检索与存储、信息分析研究、传播与开发利用的基本能力;具备获取信息及生产、经营信息产品及知识产权保护能力;具备综合运用所学知识分析和解决问题的基本能力;了解本专业相关领域的理论前沿、应用前景和最新发展动态;掌握文献检索、资料查询和收集的基本方法,具有一定的科研和实际工作能力;较熟练地掌握一门外语。

>>>>>> 第五章

信息管理与信息系统专业教学安排及学习方法

在系统了解信息管理与信息系统专业的人才培养目标、专业学科基础及课程体系后,本章将详细介绍与各位大学生四年大学学习生活密切相关的本专业的教学安排及教学环节。教学安排是根据本专业的人才培养方案,对学生的知识及能力结构要求进行设计,教学安排是否科学合理将直接影响人才培养目标和教学效果的实现,同时影响个人职业规划和学习安排,因此应引起足够的重视。

第一节　教学安排

一、课程设置

按照业务培养基本要求,本专业旨在培养掌握信息管理基础理论、系统思想和系统分析与设计等方面的知识,具备计算机网络技术应用技能、科技信息组织与分析的基本方法、经济管理与企业信息管理能力的人才,主要服务于各类政府部门、医院、医药企业信息化的管理、信息系统的规划、设计、建设与实施工作,以及信息服务、信息研究利用以及卫生情报分析与管理。

据此,本专业的主要课程包括:管理学、微观经济学、宏观经济学、统计学、运筹学、数据结构、数据库原理与应用、计算机网络、Visual C++ 程序设计、管理信息系统、信息资源管理、信息检索理论与技术、信息组织原理、信息分析与决策、竞争情报理论与实践、博弈论与信息经济学、网络信息资源检索、信息系统安全、系统工程、Web 程序设计及应用、电子商务等。

(一)主要课程模块

本专业学生全部修读课程分为计算机科学与技术课程、管理学基础课程、经济学基础课程、信管专业基础课程、信息处理与检索课程、信息系统设计与开发课程、信息管理实务课程、集中实践教学等八大模块,见表 5-1~ 表 5-7;课程修读类型分为必修课和选修课,从表 5-1~ 表 5-7 中可以看出,信息管理实务和信息系统设计与开发两大课程模块中的课程全部为选修课,且以考查(非考试)为规定的考核方式;而选修课又分为限选课和任选课两个部分。

表 5-1　计算机科学与技术课程

序号	课程名称	学分	学时	开课学期	性质
1	计算机网络	2.5	54	4	必修(考查)
2	Visual C++ 程序设计	3	72	2	必修(考试)
3	数据结构	3	72	3	必修(考试)
4	大学信息技术基础	2.5	54	1	必修(考试)
5	数据库原理与应用	3	72	5	必修(考查)
6	Java 程序设计	2.5	54	4	选修(考查)

表 5-2　管理学基础课程模块

序号	课程名称	学分	学时	开课学期	性质
1	管理学	3	54	2	必修（考试）
2	统计学	3	54	4	必修（考试）

表 5-3　经济学基础课程

序号	课程名称	学分	学时	开课学期	性质
1	微观经济学	3	54	3	必修（考试）
2	宏观经济学	3	54	4	必修（考试）
3	博弈论与信息经济学	3	54	6	必修（考试）

表 5-4　信管专业基础课程

序号	课程名称	学分	学时	开课学期	性质
1	高等数学	6	108	1	必修（考试）
2	线性代数	2	36	2	必修（考试）
3	概率论与数理统计	3	54	3	必修（考试）
4	运筹学	3	54	4	必修（考试）
5	信息资源管理	3	54	5	必修（考试）
6	系统工程	3	54	6	必修（考查）
7	管理信息系统	2.5	54	6	必修（考试）

表 5-5　信息处理与检索课程

序号	课程名称	学分	学时	开课学期	性质
1	信息检索理论与技术	6	72	5	必修（考试）
2	信息组织原理	2	54	7	必修（考试）
3	信息分析与决策	3	54	6	必修（考试）
4	医学信息学	3	54	5	必修（考试）
5	竞争情报理论与实践	3	54	6	选修（考查）
6	网络信息资源检索	3	36	7	必修（考试）

表 5-6　信息系统设计与开发课程

序号	课程名称	学分	学时	开课学期	性质
1	医院管理信息系统	2	36	6	选修（考查）
2	数据分析与数据挖掘	2.5	54	6	选修（考查）
3	信息系统安全	2	36	4	选修（考查）
4	Web 程序设计及应用	2.5	54	5	选修（考查）

表 5-7　信息管理实务课程

序号	课程名称	学分	学时	开课学期	性质
1	预测与决策	3	54	6	选修（考查）
2	医院管理学	3	54	2	选修（考试）
3	财务管理	3	54	7	选修（考查）
4	物流管理	2	36	7	选修（考查）
5	电子商务	2.5	54	5	选修（考试）
6	电子政务	2	36	6	选修（考查）

（二）主要专业实验

本专业涉及的实验课程主要有四门：计算机科学与技术课程模块中的 Visual C++ 程序设计（实验课时占总课时的 1/2）、信管专业基础课程模块中的管理信息系统（实验课时占总课时的 1/3）、信息处理与检索课程模块中的网络信息资源检索（实验课时占总课时的 1/2），信息系统设计与开发课程模块中的 Web 程序设计及应用（实验课时占总课时的 1/3）。除 Web 程序设计及应用这门课程为选修考查课外，其余三门实验实训课程都属于必修考试课。下面简要介绍以下几门实验实训课程的实验内容及要求。

1. Visual C++ 程序设计

该课程通过上机操作，以达到让学生熟悉 Visual C++ 的开发环境，掌握程序调试技巧，并能够开发一般应用程序的目的。

该课程的实验内容主要包括以下几个知识点：①建立一个简单的 C++ 程序并调试运行；②表达式的使用；③编制选择结构、循环结构程序；④函数的使用；⑤数组及其应用；⑥字符串的使用；⑦指针、地址和数组的应用；⑧结构体类型的定义与使用；⑨链表的建立；⑩类和对象的定义；⑪静态类成员的使用，友元函数的定义与使用，运算符重载的应用；⑫继承、虚函数的使用。

2. 管理信息系统

信管专业的管理信息系统实验课程，一方面让学生了解管理信息系统的作用及应用情况，同时通过实验操作掌握管理信息系统的结构原理，熟悉 ERP 软件的一般操作流程。

实验内容主要包括：①管理信息系统的整体认识；②数据库实验；③系统流程分析与设计；④ ERP 系统的结构认识和初始化；⑤ ERP 系统运作。

3. 网络信息资源检索

该课程侧重实训，通过实验熟悉常见中外文数据库，掌握网络信息资源检索技巧，并能够根据某一特定选题，自主检索网络信息资源，撰写检索报告。

主要的实验内容有四大部分：①中文数据库基本检索；②西文数据库检索；③搜索引擎使用的介绍；④专题检索的介绍。通过这四个部分的实训课程，学生基本能够熟练使用中外文数据库进行相关选题的信息检索和分析。

4. Web 程序设计及应用

作为选修课程，该课程的基本要求是能够熟悉 ASP.NET 的基本语法，掌握开发工具，能够结合数据库开发一个 Web 应用程序。实训内容有：①开发环境架设；②常用控件使用；③ ADO.NET 数据访问技术；④数据窗体设计。

（三）主要实践教学环节

实践教学环节主要包括教学实习和毕业实习（毕业设计和毕业论文）。

1. 教学实习

教学实习时间较短，一般安排在大三学年的第一学期，为期一周左右。本专业的实习地点多为医药企业和各类医院，以到医院信息科或医药企业进行参观和调查为主，实习结束需提交实习报告。

2. 毕业实习

本专业的毕业实习一般安排在大学毕业前最后一学期,为期15周左右,实践时间较长。这是学生在毕业前接触社会、将大学所学理论知识付诸实践的重要一步,是学生对自己所学专业更全面和深入认识的实践性教学环节,是培养学生综合运用大学中所学去解决实际问题的基本能力训练,也是学生顺利完成毕业环节教学的基础和前提。通过一段时间在信息管理、信息系统开发与应用等相关岗位上的具体操作练习,了解实际工作中信息管理以及信息系统开发与应用的具体工作流程及不同模式,从而使已学过的专业知识与实践相结合。

毕业实习内容有三点:一是收集毕业论文相关资料,了解实习单位的组织机构,尤其是与信息技术相关的组织机构的设立及其职责权限的划分情况;二是参与实习单位的信息处理过程,了解实习单位的信息处理流程,绘制主要业务的数据流程图;三是参与实习单位的信息管理或信息系统的设计与应用活动,包括系统分析、系统设计、系统实施、系统维护、系统安装与网络建设,以及系统培训和使用指导等工作,还可以分析、评价实习单位在信息管理和信息系统应用工作中制度规范的制定和执行情况与不足,并提出合理化改进意见。

二、指导性教学进程安排

信息管理与信息系统专业学制四年,共八个学期,其中第八学期为毕业实习(为期15周),学分15分。

(一)计划学分

按照课程类型不同,将各类课程学分要求列表,如表5-8所示。由表可知,选修课总学分需达到44学分以上,限选课与任选课有不同的要求。此外,其余课程全部为必修课程,必修课程学分总和为125学分。必修课程中还包括除37门必修课以外的毕业实习、教学实习、军训、安全教育、形势与政策等多种形式的课程类别。

表 5-8　信管专业学分计划

课程分类		门数	学分	总学时	说明
必修课		37	104	2034	必修
限选课	文化艺术类	8	10	180	选 ≥ 2 学分
	信息系统开发类	5	11.5	234	选 ≥ 20 学分
	信息管理实务类	8	20	378	
	医药特色类	4	16	270	
任选课					选 ≥ 16 学分
军训		2		2 周	必修
安全教育		1		18	必修
形势与政策		2		36	必修
素质拓展					选 ≥ 6 学分
教学实习		1		1 周	必修
毕业实习（含论文）		15		15 周	必修

（二）各学期教学安排

由前面的介绍可知,信息管理与信息系统专业(四年制)课程修读类型为必修课和选修课,表 5-9 和表 5-10 分别列出了该专业各学期必修课和选修课对应的学分安排。由表 5-9 可见,1~7 学期的必修课总学分要求分别为 21.5, 15, 17, 22.5, 12.5, 11.5, 4 学分。第一至四学期(大一学年、大二学年)的课程总学分和课程门数较第五至七学期明显偏多,尤其第一学期的公共课达到 7 门之多;从课程属性来看,公共课基本安排在前两年,专业课主要安排在大二下学期和大三上学期。

表 5-9　必修课各学期教学安排计划

学期		一	二	三	四	五	六	七	八
总学分		21.5	15	17	22.5	12.5	11.5	4	毕业实习
总课程门数		8	6	6	7	4	4	2	
考核类型	考试课门数	4	5	5	6	3	3	1	
	考查课门数	4	1	1	1	1	1	1	
课程属性	公共课	7	3	3	3	–	–	1	
	专业基础课	1	3	3	4	2	3		
	专业课	–				2	1	1	

表 5-10 给出了该专业的选修课(这里指限选课)在各学期的课程开设安排计划。可以看出,第二至六学期的选修课开设数量基本均衡,由于选修课属于学生可以根据自己兴趣自主选择的课程,因此学生可以根据每学期的必修课计划合理选择选修课程。

表 5-10　选修课各学期教学安排计划

学期		一	二	三	四	五	六	七	八
总学分		5	10	8.5	8.5	11	9.5	5	毕业实习
总课程门数		1	4	4	5	5	4	2	
考核类型	考试课门数	–	1	–	–	1	–	–	
	考查课门数	1	3	4	5	4	4	2	
课程属性	文化艺术类	–	2	2	3	1	–	–	
	系统开发类				2	1	2	–	
	信息管理实务类	–	1	1	–	2	2	2	
	医药特色类	1	1	1	–	1	–	–	

表 5-11 和表 5-12 为信息管理与信息系统专业四年制的专业指导性教学进程表。表中详细列出了人才培养方案中该专业具体的每一门课程的名称、课程考核方式、学时数及开课学期等。从两张表中能够清晰地了解本专业的教学进程和课程设置框架,从而从宏观和微观上全面掌握专业的教学安排和教学进度,合理安排个人的学期学习计划和职业规划。

表5-11 信息管理与信息系统专业指导性教学安排表

学期课程	课程编码	课程名称	考试	考查	学时数	理论讲授	指导性自学	实验见习	一 21.5	二 15	三 17	四 22.5	五 12.5	六 11.5	七 4	八
公共课 必修课	110001	思想道德修养与法律基础	1		54	48	6		3							
	110004	中国近现代史纲要	2		36	30	6			2						
	110002	马克思主义基本原理	3		54	45	9				3					
	110016	毛泽东思想和中国特色社会主义理论体系概论	4		108	96	12					6				
	200001	大学生职业生涯规划		1	18	18			1							
	200003	大学生就业创业指导		7	18	18									1	
	280128	军事理论		1	36	36			2							
	070136	大学英语Ⅰ	1		72	72			4							
	070137	大学英语Ⅱ	2		72	72				4						
	070138	大学英语Ⅲ	3		72	72					4					
	070139	大学英语Ⅳ	4		72	72						4				
	280122	体育Ⅰ		1	36	2		34	1							
	280123	体育Ⅱ		2	36			36		1						
	280124	体育Ⅲ		3	36			36			1					
	280125	体育Ⅳ		4	36			36				1				

八 栏：毕业实习（15周）

续表

学期课程	课程编码	课程名称	考试	考查	学时数	学时分配 理论讲授	学时分配 指导性自学	学时分配 实验见习	一 21.5	二 15	三 17	四 22.5	五 12.5	六 11.5	七 4	八
必修课 专业基础课	080154	大学信息技术基础	1		54	30	6	18	2.5							
	120903	大学生心理健康教育		1	36	36			2							
	022414	高等数学	1		108	108			6							
	022406	线性代数	2		36	36				2						
	022407	概率论与数理统计	3		54	54	6				3					
	010542	管理学	2		54	48	6			3						
	010308	微观经济学	3		54	48	6				3					
	010309	宏观经济学	4		54	48	6					3				
	080177	Visual C++程序设计	2		72	28	8	36		3						
	080188	计算机网络		4	54	36		18				2.5				
	080007	数据结构	3		72	28	8	36			3					
	080239	数据库原理与应用		5	72	28	8	36					3			
	010406	统计学	4		54	48	6					3				
	010070	博弈论与信息经济学		6	54	48	6							3		
	010039	运筹学	4		54	48	6					3				
	010526	系统工程		6	54	48	6							3		
	010574	信息资源管理	5		54	48	6						3			

各学期学时分配　毕业实习（15周）

续表

学期课程	课程编码	课程名称	考试	考查	学时数	理论讲授	指导性自学	实验见习	一	二	三	四	五	六	七	八
									21.5	15	17	22.5	12.5	11.5	4	
专业基础课 必修课	010511	管理信息系统	6		54	36		18						2.5		毕业实习（15周）
	010407	信息检索理论与技术	5		72	54	18						4			
	010408	信息组织原理	7		54	54									3	
	010409	信息分析与决策	6		54	54								3		
	080037	医学信息学	5		54	30	6	18					2.5	3		
考试门数									4	5	5	6	3	3	1	
考查门数									4	1	1	1	1	1	1	

表 5-12　信息管理与信息系统专业（四年制）指导性教学进程表

学期课程	课程编码	课程名称	考试	考查	学时数	理论讲授	指导性自学	实验见习	一	二	三	四	五	六	七	八
									5	10	8.5	11	11.5	13.5	10	
文化艺术类 限选课	010007	音乐鉴赏		2	18	18				1						毕业实习（15周）
	010019	美术鉴赏		3	18	18					1					
	110102	影视鉴赏		3	18	18								1		
	110101	书法鉴赏		2	36	36				2						

续表

学期课程	课程编码	课程名称	考试	考查	学时数	学时分配			各学期学分分配							
						理论讲授	指导性自学	实验见习	一	二	三	四	五	六	七	八
									5	10	8.5	11	11.5	13.5	10	毕业实习（15周）
限选课 · 文化艺术类	110904	戏剧鉴赏		4	36	36										
	110905	舞蹈鉴赏		4	18	18										
	110906	戏曲鉴赏		4	18	18										
	110907	艺术导论		5	18	18							1			
信息系统开发类	081087	Java程序设计		4	54	30	6	18				2.5				
	010064	医院管理信息系统		6	36	30	6							2		
	080136	数据分析与数据挖掘		6	54	30	6	18						2.5		
	010110	信息系统安全		4	36	36						2				
	010411	Web程序设计及应用		5	54	36	6	18					2.5			
信息管理实务类	010066	预测与决策		5	54	48	6									
	010508	医院管理学	2	6	54	48	6			3						
	010509	财务管理		7	54	48	6								3	
	011017	物流管理		7	36	18	6	12							2	
	011015	电子商务	5	6	54	36	6	18					2.5			
	010423	电子政务		6	36	30	6							2		
	010412	竞争情报理论与实践		6	54	48	6							3		
	010413	网络信息资源检索	3		36	18	6	18			1.5					

续表

学期课程	课程编码	课程名称	考试	考查	学时数	理论讲授	指导性自学	实验见习	一 5	二 10	三 8.5	四 11	五 11.5	六 13.5	七 10	八
																毕业实习（15周）
特色	020411	中医学概论		1	90	90			5							
	030006	临床医学概论		2	72	63	6	3		4						
	020029	基础医学概论		3	90	90					5					
	060104	健康教育		5	36	36							2			
专业任选课	010435	Eviews 基础与应用		5	18			18					0.5			
	010436	SPSS 经济统计分析		4	18			18				0.5				
	010437	学术论文设计与写作		7	54	54									3	
	010438	西方经济学（中级）		6	36	36								2		
任选课	010399	医药国际贸易		4	36	36						2				
	010072	社会行为与社会控制		5	36	36							2			
	019001	证券投资分析		6	36	36								2		
	010614	商业伦理学		7	36	36									2	
公共任选课		参照各学期全校统一开设的公共任选课														

第二节　教学环节

在大力推进素质教育的今天,我们在反思实践的基础上又回归到教学的基本环节。教学环节即教学流程,一般包括课前准备、课程导入、讲授新课、课堂小结、巩固练习(作业),其中每一个教学环节都很重要。课堂是提高教学质量的主阵地,从对象上看包括老师和学生,从操作上看包括教与学,掌控教学主阵地需要认真做好课堂教学的每一个环节。信息管理与信息系统专业学生除安排军训2周、教学实习1周、毕业实习15周外,大部分课程都属于课堂教学。因此,学生和教师都应对课堂教学给予足够的关注和思考。

一、课前准备

对教师来说,课前准备也叫"备课"。常言说:"台上一分钟,台下十年功。"这就是说,课前准备至关重要,不但要明确教学内容及目标,确定重难点及解决办法,还要设计好如何向学生传授新知识,同时还要做好各种教具的准备工作。

课堂教学是一个学生和教师共同参与、互动的学习过程,而备课是教学环节中的首要环节,也是影响教学有效性的关键因素。要求教师对素质教育有正确的认识,对新教材和课程目标有正确的理解,对学生原有的知识基础有充分的把握,甚至对学生的秉性、不足和特长有很好的了解。因此,备课要备教材、备学生、备媒体。

备课认真充分是保证教学质量的前提和保证,要在课前做好备课工作。课前准备不应仅仅局限于教师个人,学生的课前预习也可以看作是课堂教学中两大主体之一所做的课前准备。"好的开始是成功的一半",这句话强调不管做什么事,都要事先有充分的准备。在学习中,这种准备就是"预习"。预习,好比在外出旅游之前看导游图,大概了解一下要游览的地方,做到心中有数。因此,无论是学生还是教师,做好课前准备工作至关重要。

二、导入环节

在进行正式新课讲授之前,一般要先经过知识的导入环节(如创设情境导入、故事导入等,旧知识回顾,建立新旧知识联系)。巧妙而恰当的导入,如同新课与旧课间搭起的桥梁,如同路标,引导着学生的思维方向。对于如何导入,并没有固定的模式,这需要结合课程特点、学生特点进行思考探索。回顾与教学内容相关的知识及复习引入新课,是多数教师习惯采用的一种有效的课前导入模式。

三、讲授新课

讲授新课是教学环节的核心,是教学有效性实施和体现的过程,如果说备课是战略,那么上课就是战术的具体实施,课堂40分钟必须紧紧围绕备课设定的目标,保证课堂内容有序推进。

教学是教与学的过程,在教学过程中,教师与学生都是活动的主体。教育家波利亚指出:"教师在课堂上讲什么当然重要,然而学生想的是什么却是千百倍的重要。"因此,在教学过程中调动学生的课堂参与积极性至关重要。课堂上既要充分体现教师的主导作用,又要重视学生在课堂教学过程中的参与程度,把课堂还给学生,使学生真正成为学习的主人,从而改变传统教学模式中教师包办一切的弊端,教学过程不再是教师思考与学生接受的机械叠加,而是共同思考和共同体验的融合,以学促教、教学相长。教学过程变成了教师与学生交往、互动的过程。

四、课堂小结

"记事者必提其要。"好的课堂小结,既能使本堂课的教学内容得到升华和总结,也能为学生的继续学习拓展新的道路,所以在课堂教学即将结束时,教师用准确、精炼的语言对本堂课的知识点、教学重点和学习难点加以总结,可以使所授知识条理化、系统化,使学生在原有知识的基础上实现对新知识的真正领悟,更好地掌握所学的新知识,大大提高课堂学习的效率。

五、巩固练习

上课本身是一门艺术,根据双向互动信息的交流,科学预留作业以巩固所学的知识。作业是教学环节中的一个重要环节,具有承上启下的地位,既是巩固所学知识、培养学生能力、发展学生智力的重要手段,也是检验备课有效性、教学效果和学习效果的最直接方式,必须高度重视。

个别辅导是课堂教学之后的补充,有必要对个别学生进行适当的补习。个别辅导也是教学突出因材施教、因人而异的具体体现。个别辅导对提高优秀率和及格率起到积极的作用。个别辅导要有计划、有目标、有针对性地进行。

在教学实施过程中,要遵循以下几点:①根据备课内容有序开展教学活动,要充分发挥教师的主导作用和学生的主体作用,努力追求课堂教学效益的最大化;②把握好各教学环节,根据课程特点和学生年龄特征,有效实施教学过程;③严格按照教学进度,把握好教学进度;④课后及时反思,根据上课的情况及时挖掘教学的得失,认真总结以不断提升教学水平和教学效果。

第三节　学习方法建议

据估计,人类知识的总量每隔 7~10 年就要翻上一番,新理论、新技术、新成果不断涌现,使得大学生毕业走向工作岗位后,必须独立、快速地学习、掌握、运用新知识和新技术。因此,无论什么专业,掌握科学的学习方法,培养学生独立的自学能力和主动探索知识的能力至关重要。在科学迅速发展的今天,学习已经成为人们生活中必不可少的重要组成部分。

大学的课程体系大体包括三类:

①学科知识类：公共基础课、专业基础课、专业课。

②技能类：实习、实验、课程设计、毕业设计、社会实践与调查。

③品德修养类：道德品质和行为习惯的学习。

一般来说，大学四年需要学习的课程在 40 门以上，每个学期学习的课程都不相同，内容量大，学习任务艰巨。大一、大二以学习公共课和基础课为主，大三学习专业基础课和部分专业课，大四侧重学习专业课和进行毕业设计、毕业论文。

一、大学的学习特点

从中学到大学，是人生的重大转折，大学生活的重要特点表现在：生活上要自理，管理上要自治，思想上要自我教育，学习上要高度自觉。尤其是学习的内容、方法和要求上，比起中学的学习发生了很大的变化。要想真正学到知识和本领，除了继续发扬勤奋刻苦的学习精神外，还要适应大学的教学规律，掌握大学的学习特点，选择适合自己的学习方法。大学的学习既要掌握比较深厚的基础理论和专业知识，还要重视各种能力的培养。大学教育具有明显的职业定向性，要求大学生除了扎扎实实掌握书本知识之外，还要培养研究和解决问题的能力。因此，要特别注意自学能力的培养，学会独立地支配学习时间，自觉地、主动地、生动活泼地学习。还要注意思维能力、创造能力、组织管理能力、表达能力的培养，为将来适应社会工作打下良好的基础。

1. 学习的系统性和方向性更强，对学生的自主性要求更高

大学学习与中学学习截然不同的特点是依赖性的减少，而以主动自觉地学习为主。大学教育的内容是既传授基础知识，又传授专业知识，教育的专业性很强，还要介绍本专业、本行业最新的前沿知识和技术发展状况。知识的深度和广度比中学要大为扩展。课堂教学往往是提纲挈领式的，教师在课堂上只讲难点、疑点、重点或者是教师最有心得的一部分，其余部分就要由学生自己去攻读、理解、掌握，大部分时间是留给学生自学的。因此，培养和提高自学能力，是大学生必须具备的本领。大学的学习不能像中学那

样完全依赖教师的计划和安排,学生不能只单纯地接受课堂上的教学内容,必须充分发挥主观能动性,发挥自己在学习中的潜力。这种充分体现自主性的学习方式,将贯穿于大学学习的全过程,并反映在大学生活的各个方面,如学习的自主安排、学习内容和学习方法的自主选择等等。

在学习方法的选择上,大学生更应发挥自主性。一般来说,大学生学习活动的主要形式有四种:按教育大纲规定的课堂学习活动;补充课堂学习的自学活动;独立钻研的创造性活动;相互讨论、相互启发的学习活动。在各种不同的学习形式中,都要发挥学习的自主性,可根据自己的情况,选择适合于自己的最有效的学习方法。大学的学习,不再是去死记硬背老师所讲的内容,而是要按照自己的学习目标和专业要求,选择吸收有用的知识。在方法上要自主选择,靠自己去理解和消化所学的知识。

2. 学习的形式不再拘泥于课堂听课

学习形式包括了听讲座、课堂讨论、参观实习、毕业设计、课程设计、读书报告等。不同于中学学习方式中大量而紧凑的课堂教学、频繁的作业和课堂提问,大学里课堂讲授相对减少,自学时间大量增加。大学里有藏书丰富的图书馆、设备先进的实验室、丰富多彩的课外科研活动,大学的教学计划还安排了大量的教学实验、实习、社会调查、毕业设计等教学环节。

3. 学习的内容广泛,理论实践并重,学知识与学做人并重,学习能力与工作能力并重

从广义上来看,大学生需要学习怎样读书,学习怎样做事,学习怎样与人相处,学习怎样做人;从能力培养上来看,大学生需要培养与专业有关的能力,与智商有关的思维、想象能力等,与情商有关的情绪调控、社会交际能力等,与发展有关的科研、创新能力等。

个人能力的全面发展,即不仅要有良好的科学文化素质、身体素质、思想道德素质,而且还要有能妥善处理人际关系和适应社会变化的能力。我国教育历来都强调德、识、才、学、体五个方面的全面发展,或简称为德才兼备。人才的五要素是一个统一的有机体,五个方面对人才的成长互相促进、相互制约、缺一不可。能力的培养是现代社会对大学教育提出的一个重大

任务。知识再多,不会运用,也只能是一个知识库、"书呆子"。由于一些大学生存在高分低能的现象,使得大学生的能力培养成为高等教育中十分重要的问题。获取知识和培养能力是人才成长的两个基本方面,它们的关系是相辅相成、对立统一的。广博的知识积累,是培养和发挥能力的基础,而良好的能力又可以促进知识的掌握。人才的根本标志不在于积累了多少知识,而是看其是否具有利用知识进行创造的能力。创造能力体现了识、才、学等智能结构中诸要素的综合运用,大学生要想学有所成,将来在工作中有所发明、有所创造,对人类社会的进步有所贡献,就必须注意各种能力的培养,如科学研究的能力、发明创造的能力、捕捉信息的能力、组织管理的能力、社会活动的能力、仪器设备的操作能力、语言文字的表达能力等等。在当今世界激烈的竞争中,最根本的是高科技竞争,而高科技竞争则主要表现在人才的培养和能力的发挥上。大学教育从某种意义上讲,正是培养有知识、有能力的高科技人才的重要环节。这就要求大学生在校学习期间,必须在全面掌握专业知识和其他有关知识的基础上,加强专业技能的培养和智力的开发,在学习书本知识的过程中重视教学实践环节的锻炼和学习。

二、大学学习之道

有些学生进入了大学校门,仍采用中学时期的学习方法,虽然付出了相当多的时间和精力,但仍事倍功半,成绩低下,有的甚至因此对学习感到恐惧和厌恶或者觉得自卑。作为高校教师,要善于在教学过程中让学生尽快适应大学的学习环境。在大学里,学生除了要有刻苦钻研、坚韧不拔的治学精神外,还需掌握科学的学习方法。学习方法是提高学习效率,达到学习目的的手段。钱伟长曾对大学生说:"一个青年人不但要用功学习,而且要有好的科学的学习方法。要勤于思考,多想问题,不要靠死记硬背。学习方法对头,往往能收到事半功倍的成效。"

（一）课程学习之道

在大学课程学习中要把握住的几个主要环节是:预习、听课、复习、总结、记笔记、做作业、考试等。这些环节把握好了,就能为进一步获取知识打下良好的基础。

1. 预习

这既可以看作是课前准备这一教学环节中学生可以做的工作,也可以看作是学生掌握听课主动权的有效方法。学生在预习中要把不理解的问题记下来,听课时增加求知的针对性,既节省学习时间,又能提高听课效率,是学习中非常重要的环节。

2. 听课记好笔记

上课时要集中精力,全神贯注,对老师强调的要点、难点和独到的见解,要认真做好笔记。课堂上力争弄懂老师所讲内容,经过认真思考,消化吸收,变成自己的东西。

3. 复习和总结

课后及时复习,是巩固所学知识必不可少的一环。复习中要认真整理课堂笔记,对照课本和参考书,进行归纳和补充,并把多余的部分删掉,经过反复思考写出自己的心得和摘要。每过一个月或一个阶段要进行一次总结,以融会贯通所学知识,温故而知新,形成自己的思路,把握所学知识的来龙去脉,使所学知识更加完整系统。

4. 做作业和考试

做作业是巩固消化知识,考试是检验对所学知识掌握的程度,它们都起到了及时发现薄弱环节并加以弥补的作用。做作业要举一反三,触类旁通,要养成良好习惯,对考试要有正确态度,不作弊,不单纯追求高分,要把考试作为检验自己学习效果和培养独立解决问题能力的演练。在学习中抓住这几个基本环节,进行思考,在理解的基础上进行记忆,及时注意消化和吸收。经过不断思考,不断消化,不断加深理解,这样得到的知识和能力才是扎实的。

大学学习除了把握好以上主要环节之外,还要有目的地研究学习规律,选择适合自己特点的学习方法,提高获取知识的能力。

（二）自学之道

每一个进入大学校园的人都应当掌握和学会自学之道。大学的学习内涵和方法与中学很不相同。大学是专业学习的开始,也是独立思维的开始。

因此,在大学掌握合适的学习方法,培养良好的学习习惯和思维方式至关重要。然而,习惯了多年应试教育的大学新生未必能意识到这些,仍然采取惯性的学习方法和思维方式来应付新的问题。因此,研究和思考大学生的课外自学之道至关重要。

1. 自学之道:从举一反三到无师自通

每一个进入大学校园的人都应当掌握和学会自学之道。自学能力的培养,是适应大学学习自主性特点的一个重要方面,每个大学生都要养成自学的习惯。正如钱伟长所说:"一个人在大学四年里,能不能养成自学的习惯,学会自学的习惯,不但在很大程度上决定了他能否学好大学的课程,把知识真正学通、学活,而且影响到大学毕业以后,能否不断地吸收新的知识,进行创造性的工作。"当今社会,知识更新越来越快,三年左右的时间人类的知识量就会翻一番,大学毕业了,不会自学或没能养成自学的本领,不会更新知识是不行的。因此,培养和提高自学能力,是大学生必须完成的一项重要任务,也是进行终身学习的基本条件。

2. 要制定科学的学习规划和计划

大学学习单凭勤奋和刻苦精神是远远不够的,只有掌握了学习规律,相应地制定出学习的规划和计划,才能有计划地逐步完成预定的学习目标。严密的学习规划是完成学习任务的保证。首先,要根据学校的教学大纲,从个人的实际出发,根据总目标的要求,从战略角度制定出基本规划,如设想在大学自己要达到的目标,达到什么样的知识结构,学完哪些科目,培养哪几种能力等。对大学新生而言,制订整体计划是困难的,最好请教本专业的教师和高年级同学。先制订好一年级的整体计划,经过一年的实践,待熟悉了大学的学习特点和环境之后,再完善整体规划。其次,要制订阶段性具体计划,如一个学期、一个月或一周的安排,这种计划主要是根据入学后自己的学习情况、适应程度,主要是学习的重点、学习时间的分配、学习方法如何调整、选择和使用什么教科书和参考书等来制订。这种计划要遵照符合实际、切实可行、不断总结、适当调整的原则来认真思考和设计,才能起到应有的效果。

3. 要讲究读书的方法和艺术

大学学习不单单是完成课堂教学的任务,更重要的是如何发挥自学的能力,在有限的时间里去充实自己,选择与学业及自己的兴趣有关的书籍来读是最好的办法。莎士比亚说:"书籍是全世界的营养品。"培根也说:"书籍是在时代的波涛中航行的思想之船,它小心翼翼地把珍贵的货物送给一代又一代。"学会在浩如烟海的书籍中,选取自己必读之书,就需要有读书的艺术。首先是确定读什么书,其次对确定要读的书进行分类。一般来讲可分为三类,第一类是浏览,第二类是通读,第三类是精读。正如培根所说:"有些书可供一赏,有些书可以吞下,不多的几部书应当咀嚼消化。"浏览可粗,通读要快,精读要精,这样就能在较短的时间里读很多书,既广泛地了解最新科学文化信息,又能深入研究重要理论知识,这是一种较好的读书方法。读书时还要做到如下两点:一是读思结合,读书要深入思考,不能浮光掠影,不求甚解。二是读书不唯书,不读死书,这样才能学到真知。

4. 做时间的主人,充分利用时间

大学期间,除了上课、睡觉和集体活动之外,其余的时间机动性很大,科学地安排好时间对成就学业是很重要的。吴晗在《学习集》中说:"掌握所有空闲的时间加以妥善利用,一天即使学习 1 小时,一年就积累 365 小时,积零为整,时间就被征服了。想成事业,必须珍惜时间。"

首先,要安排好每日的作息时间表,安排时要根据自己的身体和用脑习惯,在脑子最好用时干什么,脑子疲惫时干什么,既做到充分利用时间,又能劳逸结合。一旦安排好时间表,就要严格执行,切忌拖拉和随意改变,养成今日事今日毕的习惯,千万不要等明日。我生待明日,万事成蹉跎。

其次,要珍惜零星时间。大学生活越丰富多彩,时间切割得就越细,零星时间就越多。华罗庚曾说:"时间是由分秒积成的,善于利用零星时间的人,才会做出更大的成绩来。"英国数学家科尔,1903 年因攻克一道两百年无人攻破的数学难题而轰动世界,而他是用了近三年的星期天来完成的。

5. 完善知识结构,注意能力培养

所谓合理的知识结构,就是既有精深的专门知识,又有广博的知识面,具有事业发展实际需要的最合理、最优化的知识体系。李政道博士说："我是学物理的，不过我不专看物理书，还喜欢看杂七杂八的书。我认为，在年轻的时候，杂七杂八的书多看一些，头脑就能比较灵活。"大学生建立知识结构，一定要防止知识面过窄的单打一偏向。当然，建立合理的知识结构是一个长期复杂的过程，一方面必须注意专博相济，一专多通，广采百家为我所用；二要注意知识结构的动态性，即所追求的知识结构绝不应当处于僵化状态，而必须是能够不断进行自我调节的动态结构。这是为适应科技发展知识更新、研究探索新的课题和领域、职业和工作变动等因素的需要。

大学生首先要学好开设的文化课、专业基础课、专业课；再就是学习课堂以外的知识，学会生活，学会交往，学会沉默，学会忍让，学会努力等；更重要的是积极参加学校和社会上有益于自身发展的活动，从而锻炼自己、提升自己，使自己的综合能力得到全面提升。大学生要培养的能力范围很广，主要包括自学能力、操作能力、研究能力、表达能力、组织能力、社交能力、查阅资料和选择参考书的能力、创造能力等等。总之，这些能力都是为将来在事业腾飞做准备的。正如爱因斯坦所说："高等教育必须重视培养学生具备会思考、会探索问题的本领。人们解决世上的所有问题是用大脑的思维能力和智慧，而不是搬书本。"总之，凡是将来从事的工作所需要的能力和素质，我们必须高度重视，并在学习的过程中自觉认真地去培养。同时，还要学习各位老师和同学身上的优点，来使自己得到发展。

第四节　考核要求

一、课程考核

课程考核是教学活动的一个重要环节，应积极发挥课程考核的评价、检查、激励、创新功能，加强课程考核管理，规范课程考核行为，严肃课程考核纪律,维护课程考核秩序,提高课程考核管理工作质量。

（一）考试资格

凡正常参加课堂教学活动,并遵守学校学生学籍管理规定的在籍学生必须参加所修课程的考核,并得到相应的考核成绩,成绩合格者可获得相应的学分。成绩、学分归入学生本人档案。有下列情况之一者取消考试资格:一学期内不交作业数达总次数 1/5 及以上者;不论何种原因缺课达总课时 1/3 及以上者;实验（训）考核不及格者。

参加免修、缓考、重修、缓重修的学生必须办理有关手续,方能取得参加相应考试资格,未经批准擅自参加考核者成绩不予认可。

（二）课程考核形式

课程考核分为考试、考查两种形式。考试是一种严格的、标准的知识水平评价方法,要求考生在规定的场所、规定的时间,按规定的要求和标准,完成规定的作业任务,以评价其课程学习效果。考查是可灵活选择考核方式和方法,完成所要求的作业任务。教师应按照人才培养方案中规定的考核形式组织考核,期末考试的课程一般为 3~5 门。教师要根据课程的性质、特点、内容和教学要求,选用恰当的考核方法,鼓励教师进行课程考核方法的改革。

（三）成绩评定

考试课程采用百分制评定成绩;考查课程采用五级制（优秀、良好、中等、及格、不及格）评定成绩。排序统计时一律换算为学分绩点。

1. 百分制与五级制的换算

90~100 分为优秀;80~89 分为良好;70~79 分为中等;60~69 分为及格;60 分以下为不及格。

2. 分数和绩点换算

考试课程成绩在 60 分以下的绩点为 0, 60 分绩点为 1,每增加 1 分绩点增加 0.1;考查课程成绩不及格绩点为 0,及格绩点为 1,中等绩点为 2,良好绩点为 3,优秀绩点为 4。

$$平均学分绩点 = \frac{\sum(课程绩点 \times 课程学分)}{\sum 课程学分}$$

（四）成绩评定办法

课程考核总成绩由平时成绩（形成性考核）和课程结束考核成绩（终结性考核）两大部分构成。平时成绩由课程教师根据各门课程的特点采用多种恰当的考核方法，加强对日常学习过程考核，一般由作业、期中考试、实验成绩等构成。平时成绩与课程结束考核成绩的比例由课程负责人根据课程的性质、特点、内容和教学要求提出，由学院确定。一般同一门课程的多个平行教学班级，使用相同的课程成绩评定方案。任课教师应在开课初向学生公布课程考核形式和成绩评定办法。

含有实验（训）教学内容的课程，可按理论、实验的学时数折算理论教学与实验教学成绩的百分比。独立设置的实验课单独考核，单独评分。学生体育课成绩的评定按照《南京中医药大学学生体育成绩考核管理办法》执行。

（五）特别规定

有关免修、缓考、补考、重修、旷考与作弊的情况特别规定如下：

1. 免修

人才培养方案中规定的考试课程（政治理论课、思想教育课、体育课、实验课、教学与毕业实习除外），通过自学等途径，认为已经掌握，同时前必修课程的平均学分绩点在 3.0 以上的学生，本人于前学期期末考试前两周提出申请，学院审核同意后由教务处组织考核。如前学期期末有该课程考试，免修考试随期末考试进行；如期末没有该课程考试，免修考试与开学初补考同期进行。免修考试成绩绩点达到 3.0 分及以上者，同意免修，但课程的实验、实习环节不得免修。实验、实习环节考核合格，免修考试成绩和课程实验实习环节的成绩按课时比例折算合计后的成绩为学生课程最后成绩；实验、实习环节考核不合格，免修考试成绩取消，该课程需重修。免修考试成绩绩点低于 3.0 分者，必须跟班修读。

2. 缓考

学生因特殊情况不能参加课程考核，必须事先填写缓考申请单，经教务处批准后可以缓考。放弃已批准的课程缓考许可需申请恢复考试资格，否则考核成绩不予认可。缓考课程考核与补考同期进行,缓考不得申请二次缓考,缓考不及格不得申请补考,无故不参加缓考课程考核与旷考同等处理。缓考课程考核成绩评定中的平时成绩按学生原平时成绩计。缓考成绩以实得成绩记载。

3. 补考

必修课程首修考核不及格,可在学校规定的时间内补考一次,也可放弃补考,直接重修,补考不得申请缓考。补考成绩评定中平时成绩按学生原平时成绩计。补考取得 70 分(中等)及以下者,补考成绩以实际成绩记载;补考取得 70 分(中等)以上者,补考成绩一律以 70 分(中等)记载。选修课程考核不及格,不组织补考,可选择重修或改选其他课程。

4. 重修

放弃补考或补考仍不及格的必修课程,一律参加重修。重修考核成绩评定中平时成绩可以跟班重修时的平时成绩计,也可以首修时平时成绩计。重修课程考试取得 60 分及以上成绩的按实得成绩记载;重修考试不及格的,需继续重修。

因培养方案调整,学校不再开设该课程,可选择替代课程重修。

已取得学分课程因特殊原因需要重修,在当前学期修读的总学分不超过 36 学分(含申请重修课程学分)时,经个人申请、学院批准、教务处同意后方可参加重修。成绩记载以该门课程最高分作为该门课程修读成绩。

结业学生在学校规定的弹性学制内,申请重修和重修考试,成绩评定办法与记载方法按在校生重修成绩评定办法与记载方法执行。

进入毕业实习(设计、论文)环节的学生不得参加重修。学生历年如有不及格必修课程(低于学业警示不及格门数),毕业前经本人申请,学院同意,教务处批准,可给予一次补考机会。成绩的评定办法与记载方法按补考的成绩评定办法与记载办法执行。

5. 旷考与作弊

凡旷考或考试作弊者,该课程成绩以零分计,并不准参加正常补考或重修。对确实有悔改表现者,经本人申请,学院签署意见,教务处批准,可参加重修。旷考及考试作弊者,按学校相关规定给予纪律处分。

二、毕业实习考核

毕业实习是大学学历教育的必要环节,通过毕业实习为学生走向社会、走向工作岗位奠定基础;毕业实习是毕业设计的重要基础,学生毕业实习中的具体实践为后面的毕业设计奠定了坚实的基础,为同学们提供了理论联系实际的环境。

(一)实习时间安排

毕业实习是在修完本专业理论课及相关知识要点的基础上,为准备毕业论文(设计)而进行的实践环节。为切实达到预期目的和要求,学生必须在指导教师的指点和安排下进行实习。实习时间一般安排在毕业环节的前半阶段,原则上共 15 周(第八学期第 2~16 周)时间,实习总时间安排如表5-13 所示。若因涉及毕业论文资料收集等特殊原因需要延长实习时间的,须预先取得指导教师的同意,并在不影响后续毕业环节(论文撰写)的前提下酌情延长时间。

表 5-13　实习总时间安排

时间	安排
第 1 周	实习动员
第 2 周至第 16 周	实习阶段
第 8 周	毕业论文中期检查
第 16 周	实习结束,上交《实习及论文手册》

每年的 3 月至 5 月上旬:在此期间为学生提出明确的实习要求。同时在专业教师指导下,在这段时间里学生一边实习一边进行毕业设计(论文)。具体设计(论文)的内容根据学生所实习单位的具体要求以及信息管理与信息系统本科专业的要求布置相关内容。

从 5 月中旬至 5 月底:全体参加毕业设计的学生提交阶段性的成果,包括系统分析报告、系统设计报告等相关内容,指导教师给出相应的修改意见。

6 月份:全体学生返校进行毕业设计(论文),毕业设计报告或毕业论文正式定稿,经指导老师签字同意,进行毕业答辩,完成毕业设计(论文)成绩评定及毕业教育,最后安全离校。

（二）实习考核

毕业实习成绩应综合体现学生在整个实习过程中的表现和所取得的成效,具体由出勤率、实习态度、业务能力和任务完成情况等考核项目构成。毕业实习成绩应参考实习单位的成绩鉴定意见、学生上交的实习笔记和实习报告,以及指导教师平时的检查情况等综合评定。

1. 阶段考核

如跨部门或多单位实习必须进行阶段考核。

（1）实习学生自我考评:每阶段实习结束前两天,实习学生应实事求是地填写考评表,及时送交带教老师,凡不填写或不交考评表者,不得进入下一轮实习。

（2）阶段考核:学生每一阶段实习结束时,带教老师应对实习生进行认真考核,其考核内容主要为:①政治思想和劳动纪律考核。实习学生每阶段实习结束时,带教老师按"学生实习阶段考评表"的要求,根据学生在实习期间的政治思想、劳动纪律等方面的表现,按"优、良、中、差"给予评定记分。②业务考核。带教老师按"学生实习考评表"的要求,根据学生在实习期间的学习态度、专业知识掌握情况和操作技能等方面,结合工作实践,按"优、良、中、差"给予评定记分。

带教老师应根据上述考核情况,并结合平时实习表现,综合分析,写出评语。

2. 毕业实习结束考核

毕业实习结束考核由学生最后实习单位负责进行。

毕业实习结束前一周,学生须认真做好毕业实习自我鉴定,经实习组评议,并写出意见后,交实习生管理部门。

毕业实习结束时,实习单位将实习学生考评表按人汇总装订成册,综合各阶段考评及平时考勤情况,全面分析,写出实习单位考核鉴定意见。毕业实习考核表和有关考核材料,经实习单位盖章密封后由学生本人带回,以班级为单位提交至学院学生工作办公室。

三、毕业论文考核

本科毕业论文（设计）工作一般由选题及定题、论文（设计）指导、论文（设计）开题报告、中期检查、定稿、论文（设计）评阅、答辩与评定成绩、论文（设计）抽检、优秀论文（设计）推荐、工作总结等十个环节组成。

（一）毕业论文（设计）工作进度安排

毕业论文（设计）是高等教育不可缺少的基本教学环节，是本科人才培养计划的重要组成部分，也是大学生必须完成的一门重要的必修课。毕业论文在大四学年完成，具体时间安排如表 5-14 和表 5-15 所示。

表 5-14　第七学期毕业论文时间安排

序号	工作安排	负责部门	备注
1	开始全面计划和布置毕业论文各项工作，修订实习手册	教学科研办、各专业负责人	第 13 周
2	根据专业提供论文选题	各系	第 14 周
3	学生根据论文选题指南独立选题并落实指导老师	各系	第 15 周
4	进行师生见面，制订工作计划，必要时进行毕业论文（设计）写作辅导，学生完成开题准备	各系	第 17 周
5	进行学生开题	各系	放假前完成

逾期未完成开题、未准时提交论文初稿或定稿、中期检查不通过以及答辩组专家评阅未通过者，均不得进入下一环节，也不安排论文答辩。表中各时间节点均为截止时间，各系根据具体情况可以提前安排。

表 5-15　第八学期毕业论文时间安排

序号	工作安排	负责部门	备注
1	下发手册	学工办	开学一周内
2	学生交毕业论文（设计）初稿，指导老师评阅初稿	各指导老师	学生实习前完成

续表

序号	工作安排	负责部门	备注
3	对学生进行毕业论文（设计）中期检查	各指导老师	本学期的第8周
4	学生在指导老师的指导下修改毕业论文（设计）	各指导老师	
5	最终定稿	各指导老师	拟定第15周
6	组织毕业论文答辩	各系、教学科研办、学工办	根据学校安排随机调整
7	评选优秀毕业论文，推荐优秀毕业论文指导老师，毕业论文整理归档各系、教学科研办	各系、教学科研办	学生离校前

（二）毕业论文（设计）的初稿及中期检查

1. 毕业论文（设计）的初稿

在规定时间内学生完成初稿，以系为单位对学生的毕业论文（设计）初稿进行检查，并提交书面报告，分析学生毕业论文（设计）的整体进展情况。

2. 毕业论文（设计）的中期检查

按照要求进行中期检查，主要检查论文的进展情况，包括是否符合计划要求、教师指导是否到位等，由指导老师和学生共同填写中期检查表，交系归档。中期检查不通过者不得进入下一环节。

3. 毕业论文（设计）的成绩评定

学生在完成毕业论文（设计）并由指导老师审查定稿后，学院组织毕业论文（设计）答辩及成绩评定，以检查学生是否达到了毕业论文（设计）的基本要求。

（1）应根据学生完成的毕业论文质量以及答辩情况综合评定毕业论文成绩。

（2）毕业论文成绩分为优秀、良好、中等、合格、不合格五级。凡有以下条款之一者，评价为不合格：没有完成课题任务；毕业论文中有较大原则性错误，掌握已学有关专业知识很差；论文无中心，层次不清，逻辑混乱，文句不通；论文主要内容基本抄袭他人成果；答辩时思维混乱、概念不清。

（3）评定毕业论文（设计）成绩，必须统一标准、实事求是，优秀比例一般掌握在 15%~20%。毕业论文（设计）成绩确定后，一般不得改动。

四、毕业考核

学生毕业时，学校会从德智体等多方面进行全面鉴定。学生德智体合格，在学校规定年限内完成培养计划要求修读的各类课程，总学分达到 168 学分，毕业实习考核合格，学位论文通过答辩方可毕业，并发给毕业证书。按照学校《关于授予本科毕业生学士学位的规定》，对符合学位授予条件的学生授予学位并颁发学位证书。

对修完培养计划规定的内容，但未达到毕业要求的学生，准予结业并发给结业证书。符合换发毕业证书条件且在校时间未达到最长年限者，可在结业后一年内按学校的规定重修，合格后换发毕业证书。

学生根据所学专业要求，参加教育培养计划内规定的所有课程和各教育教学环节的学习和考核，成绩达到及格及以上方可取得该课程的学分。成绩与学分均由学校统一管理。

>>>>>> 第六章

毕业与就业及继续教育

第一节　毕业要求

　　为贯彻党的十六大精神,加快卫生系统信息化建设步伐,2002 年,全国卫生信息化工作会议修改并通过《全国卫生信息化发展规划纲要(2003—2010)》,将我国医疗卫生信息化建设列为首要任务,该纲要指出:加强卫生信息化人才队伍建设,将信息技术应用列入医学教育领域,建立多层次、分类别、多形式、重实效的信息化人才培养制度,培养一批精通信息技术和卫生业务的复合型人才。在此大环境之下,医学院校的信息管理与信息系统专业应运而生。作为中医药类院校的信息管理与信息系统专业,本专业(即南京中医药大学信息管理与信息系统专业)培养的复合型人才不仅需要掌握管理学与信息系统的基本理论和基本知识,同时也应具有一定的中医药学基本知识,能在企事业单位从事信息化的管理工作,信息系统的规划、设计、建设与实施工作,以及医药科技信息管理、信息服务、信息研利用和卫生情报分析工作。

在培养目标的指导之下,本专业学生的毕业要求如下:

本专业的学制为四年,在学制期内,学生须按培养计划要求修读课程,总学分达到要求,学位论文通过答辩方可毕业。全部修读课程分为计算机科学与技术课程、管理学基础课程、经济学基础课程、信管专业基础课程、信息处理与检索课程、信息系统设计与开发课程、信息管理实务课程、集中实践教学环节等八种类型;课程修读类型分为必修课和选修课,选修课分为限选课和任选课两个部分,限选课必须修满规定的学分,限选课多选可替代任选课的学分。

通过学习,本专业学生应具备以下知识、能力和综合素质要求:

1. 知识结构要求

(1)掌握信息管理与信息系统的基本理论和基础知识。

(2)掌握信息系统的分析方法、设计方法和实现技术。

(3)掌握信息检索理论与方法的知识。

(4)掌握计算机科学与技术的基本理论和方法。

(5)熟悉医药科技信息管理、信息服务、信息研究利用以及卫生情报分析、管理等知识。

(6)了解中医药学的基础知识。

(7)了解本专业相关领域的发展动态。

2. 能力结构要求

(1)具有利用现代信息技术进行信息收集、加工、处理、分析研究和开发的能力。信息技术应用能力是当前卫生信息管理专业岗位能力中的核心能力,利用现代信息技术进行信息收集、加工、处理和分析研究与开发的能力是本专业培养学生需具备的核心能力。

(2)具有综合运用所学知识分析和解决问题的基本能力。通过相关的实验、实践环境建设,具备面向医药企业的信息管理系统实际开发与应用能力,面向医药企业的市场信息分析、技术信息分析、竞争信息分析的操作能力。

(3)掌握文献信息检索、资料查询和收集的基本方法,具有一定的科研和实际工作能力。

（4）熟练操作使用计算机和网络设施的能力。

（5）具有较强的英语听、说、读、写能力，能借助工具书阅读专业英语书刊。

（6）进一步自主获取知识的能力。

3. 素质结构要求

（1）具有良好的思想道德品质。

（2）身心健康。

（3）具有正确的世界观、人生观和价值观。

（4）具有良好的职业素质。

（5）具有良好的社会沟通与交往能力。

第二节　就业前景

本专业的设计主要以职业为主，而非以某一特定行业为主，即各行各业的单位，包括政府、事业单位、企业中与信息管理工作相关的职业领域。另外，为突出本专业的医药学性质，本节将医疗卫生机构单列为一小节进行说明。

一、政府和事业单位的职业领域

（一）政府信息管理部门

政府职业领域主要指的是公务员和村官系列。以公务员为例，与本专业相关的职业领域包括政府行政机构中的信息管理部门和政府职能机构中的信息管理部门。

政府行政机构中的信息管理部门从中央到地方，主要包括工业和信息化部、省级（直辖市）工业和信息化厅、市（区）经济和信息化管理机构以及县级经济和信息化管理机构。政府行政机构信息管理部门的主要职责是管理所辖地区信息化的宏观政策,包括本地区信息化总体规划、推进信息服务业发展和信息产业发展、组织拟订相关政策并协调信息化建设中的重大问题,促进电信、广播电视和计算机网络融合,指导协调电子政府部门、重点行业重要信息系统与基础信息网络的安全保障工作,协调处理信息安全重大事件,承担跨部门、跨地区和重要时期的信息安全应急协调工作。

　　许多政府职能部门如工商局、税务局、公安局、统计局、出入境检验检疫局、国家档案局、海关总署等,都设有自己的信息管理部门,这些信息管理部门都需要大量的信息管理与信息系统专业人才。2014 年国家公务员考试所设置职位信息显示,中央部委与地方部门共设置与信息管理信息系统专业相关职位 117 个,预计招收 151 人,招录部门较为广泛。笔者对 2014 年国家公务员招考中与本专业相关职位及相应职责进行了统计归纳,按省份字顺排列(表 6-1),为本专业学生报考公务员提供参考。

表 6-1　2014 年国家公务员招考中与本专业相关职位及职责

国家/地区	部门名称	职位名称	主要职责
安徽	安徽省邮政管理局	行业管理科主任科员以下	邮政行业监督管理
北京	北京市国家税务局	科员	从事税收相关工作
北京	北京铁路公安局	北京铁路公安处车站派出所民警	火车站治安管理及计算机信息系统使用管理维护工作
福建	福建省国家税务局	基层分局科员	计算机维护及信息处理、基层税收征管工作
福建	福州海关	稽查	从事企业稽查核查工作
广东	广东省国家税务局	县(市、区)局机关或基层分局科员	计算机软件开发、系统和设备维护、税收征管、综合管理
广东	广州铁路公安局	广州铁路公安处车站派出所民警	火车站治安管理、派出所信息系统维护工作
广东	中华人民共和国广东海事局	基层海事处科员	信息化管理

国家/地区	部门名称	职位名称	主要职责
国家	公安部	居民身份证管理处主任科员及以下	掌握各地贯彻实施《居民身份证法》的情况,研究制定加强居民身份证管理的政策、规定
国家	中国民用航空局华东地区管理局	人事科教处系统管理和信息安全工作主任科员	单位人事管理系统建设与维护,协助辖区网络信息安全监察工作
国家	中央档案馆国家档案局	网络处主任科员及以下	信息资源管理
国家	中央党史研究室	图书馆副主任科员以下	数字图书馆建设和运行维护、图书馆相关软件设计、数据库建设等工作
黑龙江	黑龙江省国家税务局	科员	为纳税人办理涉税等事项
湖北	武汉海关	统计	海关统计
湖南	中华人民共和国长江海事局	科员	海事处海事管理
江苏	江苏省国家税务局	计算机管理科员、基层分局科员	计算机维护和管理、税收征收管理
辽宁	大连市国家税务局	基层分局科员	行政综合管理
辽宁	辽宁出入境检验检疫局	大窑湾局网站管理科员	网站管理、日常维护等工作
辽宁	辽宁省国家税务局	办公室科员、基层分局科员、监察科科员	计算机管理与应用、执法监察系统软件维护工作
辽宁	沈阳铁路公安局	图们铁路公安处线路警务区民警	线路治安管理工作、日常计算机维护工作
辽宁	中华人民共和国辽宁海事局	科员	信息化管理
内蒙古	呼和浩特铁路公安局	呼和浩特铁路公安处车站派出所民警	火车站治安管理和信息系统维护工作
山东	济南铁路公安局	济南铁路公安处线路警务区民警	线路治安管理工作

国家／地区	部门名称	职位名称	主要职责
山东	山东省国家税务局	税源管理科科员、科员或基层分局科员	税收信息管理、税收征管系统操作与维护
陕西	国家统计局陕西调查总队	国家统计局城固调查队科员	农村经济调查
西藏	中国民用航空局西南地区管理局	公安局办公室民警	公安网络信息系统管理
新疆	新疆维吾尔自治区国家税务局	综合业务科科员	税收信息管理
浙江	国家统计局浙江调查总队	青田调查队综合科科员	统计调查及信息管理等工作
浙江	宁波出入境检验检疫局	宁波局分支机构信息化岗位主任科员及以下	信息化管理工作
浙江	宁波市国家税务局	税务分局科员、纳税服务科科员、办公室科员	税收管理服务、综合管理、基层一线岗位
浙江	浙江省国家税务局	科员	税务稽查、税源管理、纳税评估、纳税服务、征收管理、人事、教育、劳资管理

注：资料来源于华图教育国家公务员考试职位库（http://zw.huatu.com/zhuanye/zhuanye_2_110102_1.html）。

本专业学生在报考公务员时除可参考国家公务员考试中相关岗位的设置外，也可参考本专业2008—2013届毕业生考取公务员或村官情况（表6-2）。

表6-2 本专业2008—2013届毕业生考取公务员或村官统计表

	2008届	2009届	2010届	2012届	2013届
公务员／村官	1. 姜堰市白米镇政府 2. 泗洪县邮政局	1. 连云港东海县李埝乡人民政府 2. 新沂市委组织部 3. 盐城市阜宁县益林镇兴杨居委会	1. 江苏丹阳市 2. 江苏泰州市	1. 灌南县政府信息中心 2. 淮安市委组织部 3. 响水县公安局 4. 张家港工商局 5. 村官	村官

注：（1）资料来源于本校就业指导中心统计数据；（2）2011届无毕业生考取公务员或村官。

（二）事业单位的信息管理部门

事业单位种类很多，与本职业相关的最大类别是医疗卫生机构和学校，医疗卫生机构中的相关职业在下节说明，学校中的相关职业主要包括职业技术学校以及高校图书馆的信息化部、科技查新部等，同时也包括中学信息化部中的信息技术教师岗位。另外，公共图书馆、档案馆以及乡镇或事业单位的信息服务中心也是本专业学生就业的渠道。本专业 2008—2013 届毕业生就职于事业单位的情况如表 6-3 所示。

表 6-3　本专业 2008—2013 届毕业生事业单位就职统计表

	2008 届	2009 届	2012 届	2013 届
事业单位	1. 连云港市中医药高等职业技术学校 2. 苏州高博软件技术职业学院	1. 温州城建档案馆 2. 邮政储蓄银行广西北海市分行 3. 江苏南大出国留学服务中心	1. 公安海警学院 2. 徐州市贾汪区英才中学 3. 江苏省睢宁县双沟镇农村经济管理服务中心	无锡市图书馆

注：（1）资料来源于本校就业指导中心统计数据；（2）2010 和 2011 届无毕业生就职于事业单位。

二、医疗卫生机构的信息管理部门

医疗卫生机构指从卫生行政部门取得"医疗机构执业许可证"，或从民政、工商行政、机构编制管理部门取得法人单位登记证书，为社会提供医疗保健、疾病控制、卫生监督服务或从事医学科研和医学在职培训等工作的单位。医疗卫生机构包括医院、基层医疗卫生机构、专业公共卫生机构、其他医疗卫生机构。医院包括综合医院、中医医院、中西医结合医院、民族医院、各类专科医院和护理院，不包括专科疾病防治院、妇幼保健院和疗养院。按照经济类型分为公立医院和民营医院，公立医院是指经济类型为国有和集体的医院；民营医院是指经济类型为国有和集体以外的医院，包括联营、股份合作、私营、港澳台投资和外国投资等医院。基层医疗卫生机构包括社区卫生服务中心（站）、街道卫生院、乡镇卫生院、村卫生室、门诊部、诊所（医务室）。专业公共卫生机构包括疾病预防控制中心、专科疾病防治机构、妇幼保健机构、健康教育机构、急救中心（站）、采供血机构、卫生监督机构、卫生部门主管的计划生育技术服务中心，不包括传染病院、结核病医院、血防医院、精神病医院、卫生监督（监测、检测）机构。其他医疗卫生机构包括疗养院、临床检验中心、医学科研机构、医学在职教育机构、医学考试中心、农村改水中心、人才交流中心、统计信息中心等卫生事业单位。

卫生部制定《全国卫生信息化发展规划纲要2003—2010年》（以下简称《规划》）的前提是为满足人民群众日益增长的医疗卫生服务需求，加快卫生信息化建设，目标在于通过大力支持卫生信息化建设，加速推进信息技术在医疗服务、预防保健、卫生监督、科研教育等卫生领域的广泛应用，建立卫生信息化体系。在该《规划》的指导下，各地区、各单位均制定了本地区、本单位的卫生信息化发展规划，精通信息技术和卫生业务的卫生信息化人才成为各医疗卫生机构亟需的人才。随着卫生信息化建设的推进，我国大中型医疗卫生机构一般都设有信息化部门，各级、各类型医院为医疗卫生机构的主要组成部分，其信息管理部门成为本专业学生就业的主要平台。

不同医院设置信息管理部门的名称不同，如鼓楼医院设为信息中心，江苏省中医院设为信息工程部，同时也有不少医院设为信息科等（以下统称信息科），绝大多数信息科下辖科室呈现多样化情况，比较一致的是大部分医院信息科均下辖计算机室、病案室、统计室、图书室（如鼓楼医院），负责医院信息系统的建设以及下辖各科室的业务管理。医院信息科的工作岗位大致可以分为两部分：一是计算机网络中心，二是病案管理。这两大块一般不交叉，各自的工作在技术上和知识结构上有较大的差别，前者需要的是计算机信息与网络技术，对医学知识只要一般了解；而后者需要对计算机和网路技术一般了解，对医学知识需要较多了解。已有研究对医院信息科的岗位和职责进行了统计，如表6-4所示。

表6-4 医院信息科的岗位和职责统计表

岗位名称	主要职责
计算机硬件维护	1. 计算机故障的处理和维护 2. 外设的维护

续表

岗位名称	主要职责
网络维护与管理	1. 局域网的组建 2. 局域网的故障处理 3. 局域网的管理
系统维护和数据库维护	1. 医院信息系统的运行维护 2. 数据库的运行维护 3. 医院网站的建设与维护
应用系统的二次开发	应用程序的开发与运行
病案信息管理	1. 病案管理 2. 病案资料的索引、登记、编目工作 3. 提供教学、科研、临床经验总结等使用的病案
医疗统计	1. 编报上级规定的报表和医院统计工作 2. 督促并帮助各科室做好医疗登记、统计工作
图书管理	1. 医学图书、刊物和资料的管理 2. 为医疗、教学、科研、预防等工作主动提供参考资料

注：资料来源于①陈新．福建省卫生信息管理人才培养现状与策略研究．卫生职业教育，2011（23）；②卫生部颁布的《医院工作人员职责》（http://www.law-lib.com/law/law_view.asp?id=44985 [2014-2-12]）法规。

　　需要注意的是，不同医院的信息科设置不同，其岗位职责和对人才的要求也不同，学生在求职时可结合自身兴趣、所具备的知识和技能，选择适合的医院和岗位，同时也可参考本专业以往历届学生就职于医院的情况。本校就业指导中心数据显示：本专业 2008 届 5 名学生分别就职于东海县中医院、淮安市楚州医院、连云港东海房山中心卫生院、连云港市第二人民医院、南京空军机关医院；2009 届 1 名学生就职于如皋市人民医院；2010 届 2 名学生就职于常熟市第一人民医院和南京市第一医院；2011 届 3 名学生就职于复旦大学附属金山医院、南京鼓楼医院集团宿迁市人民医院和上海市医药大学附属医院；2012 届 1 名学生就职于灌南县长茂医院；2013 届 2 名学生就职于常州市第四人民医院新北分院和南京咸慈中医肾病专科医院有限公司。

三、企业中的职业领域

随着我国加入 WTO,经济全球化使得我国企业面对来自国内外更加激烈的市场竞争,以信息化为核心的管理现代化成为企业赢得竞争的关键因素。2007 年,国务院国有资产监督管理委员会发布《关于加强"十二五"时期中央企业信息化工作的指导性意见》(国资发〔 2012 〕 93 号)的文件,要求全面推行企业总信息师(CIO)制度,大力提高专职率,持续加强信息化人才队伍建设,开展全员信息化培训。本专业的就业信息(表 6-5)也充分说明了各行各业对信息化的重视程度,无论是大型企业还是中小型企业,无论是金融企业、交通企业、医药企业,还是机械制造企业、家用电器制造企业、大型纺织企业、大型营销企业等,企业内的业务运行一般都进行了集成化信息管理,一刻也离不开信息化手段,所以其信息管理部门的位置极其重要,需要大量信息化人才。

表 6-5　本专业 2008—2013 届毕业生企业就职情况统计表

届数 企业类型	2008	2009	2010	2011	2012	2013	合计
医药卫生行业	3	3	6	5	4	12	33
银行、金融行业	0	2	2	0	2	2	8
IT、互联网、通信行业	6	8	5	14	10	7	50
咨询行业	0	1	0	0	3	1	5
教育行业	1	0	0	1	1	2	5
其他	6	11	8	18	39	38	120
合计	16	25	21	38	59	62	221

注: 资料来源于南京中医药大学就业指导中心统计数据。

在往届毕业生的求职中,备受青睐的医药卫生行业主要是医药企业,如江苏先声药业有限公司、江苏省泰州医药有限公司、北京甘李药业、海正辉瑞制药有限公司、华瑞制药有限公司、江苏鸿霖医药有限公司、江苏康缘弘道医药有限公司、江苏省康缘药业股份有限公司、礼来苏州制药有限公司、连云港正大天晴医药有限公司、南京海昌中药集团、南通苏北医药有限公司、上海龙翔生物医药开发有限公司、深圳市康哲药业有限公司、深圳市罗素医药有限公司、四川天恒药业有限责任公司、亚邦医药股份有限公司、浙江绍兴浙江医药维生素厂、北京诺华制药有限公司南京分公司等。除此之外,医疗器械公司也是本专业学生就业的选择平台,如北京谊安医疗系统股份有限公司、常州鼎健医疗器械有限公司、南京海泰医疗信息系统有限公司、张家港市康宏医疗器械厂、武汉康圣达医学检验所有限公司、南京神州英诺华医疗科技有限公司、苏州新波生物技术有限公司等。另外,也有部分学生选择与医药相关的公司,如江苏澳洋健康产业投资控股有限公司、南京神草美容院、通州区川姜镇永福堂大药房、浙江联众卫生信息科技有限公司等。

就职于银行、金融行业、咨询行业和教育行业的本专业学生比例较低。银行、金融行业如工商银行、江苏银行、交通银行、农业银行、中国银行等各省市分行,邳州农商行、邮政储蓄银行以及思必德(香港)国际投资有限公司。咨询行业如北京益普索市场咨询有限公司、南京市外事服务有限公司、上海冠伯资讯有限公司、上海零点指标信息咨询有限公司、万得资讯科技有限公司等。教育行业主要是一些培训中心与教育类公司,如江苏万学远程教育培训中心、瑞思学科英语、吴江市泷达电脑职业培训学校、江苏至善教育投资管理有限公司和南京伟卓新教育科技有限公司等。

IT、互联网、通信行业是本专业毕业生就业比例最高的职业领域。计算机技术虽然不是本专业设计的出发点,但是 IT 行业同样是就业的一大领域,如中科软件科技股份有限公司、群硕软件开发有限公司、南京引桥软件开发有限公司、联创科技有限公司、南京橙红信息科技有限公司等软件开发企业,连云港市天易计算机网络有限公司、连云港万瑞计算机技术有限公司等计算机网络应用服务企业等。互联网行业如苏州杰斯弗信息科技有限公司,江苏殴飞电子商务有限公司、上海紫薇网络科技有限公司、浙江万朋网络技术有限公司等也是本专业毕业生择业的领域之一。另外,也有毕业生选择相关的通信行业如南京中兴软创科技股份有限公司、常州通信工程有限公司、深圳市天音通信发展有限公司等就业。

除了以上五类行业外,还有较大比例毕业生选择其他行业就职,就业类型涉及建材、商贸、工程、机电、装饰、保洁、商品销售、制造业、公交公司、船舶航运业、传媒业、保险业等。这也说明了随着全国各行业信息化建设的推进,本专业学生的就业面较宽,未来就业前景良好。

第三节　专业相关资证考试

国家职业资格证书制度是劳动就业制度的一项重要内容,也是一种特殊形式的国家考试制度。它是指按照国家制定的职业标准,由政府认定的考核鉴定机构对从业者的技能水平或职业资格进行客观、公正、科学规范的评价和鉴定,并对合格者授予相应的国家职业资格证书。国家职业资格证书由人力资源和社会保障部统一印制,劳动保障部门或国务院有关部门按规定办理和核发。国家职业资格证书是持有者具备某种职业所需要的专门知识和技能的证明,是持有者求职、任职、开业的资格凭证,是用人单位招聘、录用员工的主要依据,也是境外就业、对外劳务合作人员办理技能水平公证的有效证件。国家职业资格证书是一套系列,针对从事企业信息化建设,承担信息技术应用和信息系统开发、维护、管理和信息资源开发利用工作的复合型人员,以及计算机科学与应用、信息管理与信息系统、电子商务、自动化、管理科学与工程、工商管理等专业人员设置的,"企业信息管理师"国家职业资格证书是其中的一种。

《企业信息管理师国家职业标准》的制定是为贯彻党中央、国务院"以信息化带动工业化"的战略方针,满足我国企业信息化建设对复合型信息管理人才的迫切需要,尽快在全社会培养和造就一支既懂管理科学又懂信息技术的专业化信息管理人员队伍。2002年,国家劳动和社会保障部根据国家职业资格证书制度颁布了《企业信息管理师国家职业标准(试行)》。

2003 年 9 月 21 日,劳动和社会保障部培训就业司、中国就业培训技术指导中心、劳动和社会保障部职业技能鉴定中心联合下发文件:《关于开展企业信息管理师职业资格培训和全国统一鉴定试点工作的通知》(劳社培就司函〔 2003 〕 153 号),标志着本职业资格培训和全国统一鉴定工作的正式启动。《企业信息管理师国家职业标准》的出台,标志着我国企业信息管理人员的职业培训和资格认证有了统一规范和科学依据,被纳入法制化和制度化的轨道,必将积极促进我国优秀 CIO (Chief Information Officer) 人才的大批涌现。

一、企业信息管理师简介

企业信息管理师国家职业资格认证是国家职业资格证书制度在企业信息化建设领域的具体运用,也是我国专门面向复合型 CIO 人才队伍培养的唯一一种国家考试,反映的是中国企业信息化建设从业人员知识和能力水平的国家职业标准。我国劳动与社会保障部于 2002 年颁布《企业信息管理师国家职业标准(试行)》,随着时间的推移和我国信息化建设的不断深入,《企业信息管理师国家职业标准(试行)》中的部分内容已经不适应社会的需求。有鉴于此,劳动和社会保障部组织众多信息化领域专家对标准进行了全面修订和完善,于 2007 年 1 月 1 日起正式施行《企业信息管理师国家职业标准(修订版 2007 年)》(以下简称《标准》)。

《标准》将企业信息管理师定义为“从事企业信息化建设,并承担信息技术应用和信息系统开发、维护、管理以及信息资源开发利用工作的复合型人员”。该职业的基本特征有几点:一是从事的工作为企业的信息化建设,非一般的 IT 人员或技术人员所从事的工作;二是承担的任务是综合性的,既有通常的信息技术应用,即 IT 工作,也包括信息系统开发、维护、管理以及信息资源的开发利用;三是明确指出是复合型人才,即具备经营管理与信息技术相关知识和能力的复合型人才。

按照知识和技能水平的不同,该职业共设三个等级,分别为:助理企业信息管理师,相当于国家职业资格三级;企业信息管理师,相当于国家职业资格二级；高级企业信息管理师,相当于国家职业资格一级。根据《标准》规定,符合申报条件,经过正规培训且由人力资源和社会保障部统一鉴定合格者,可获得由中华人民共和国劳动与社会保障部统一印制的"中华人民共和国职业资格证书",该证书全国通用,并实行统一编号登记管理和网上查询。助理企业信息管理师颁发国家职业资格三级证书,企业信息管理师颁发国家职业资格二级证书,高级企业信息管理师颁发国家职业资格一级证书。

企业信息管理师职业的认证对象主要包括：①高等院校信息管理与信息系统专业以及计算机科学与应用、电子商务、自动化、管理科学与工程、工商管理等相关专业的应届大学专科及以上学历毕业生；②从事信息化建设的企(事)业单位的信息主管(CIO)或主管副总、信息中心主任、相关职能部门负责人,以及有关信息管理人员；③IT公司从事有关企业信息化建设的规划、实施和咨询服务的专业人员；④有志于企业信息化建设事业的社会其他人员。

对于本专业的学生,若希望在大中型企业从事信息管理工作,获得企业信息管理师职业资格认证具有一定帮助作用。本科在校学生可凭学校证明报考助理企业信息管理师,本专业应届本科毕业生可凭学历证书报考助理企业信息管理师,感兴趣的同学可登陆中国企业信息管理师网站(http://www.cio.cn)查询相关信息。

二、企业信息管理师的职业能力要求

《标准》中规定本职业的职业能力特征包括：具有较强的学习能力、信息处理能力、应变能力；善于判断和解决问题；善于沟通与协调,合作意识强；语言表达、逻辑思维能力强。具体说来,合格的企业信息管理师必须满足一定的职业道德要求,掌握一定的基础知识,并且满足不同级别企业信息管理师的工作要求。

(一)职业道德

本职业人员要求掌握职业道德基本知识,同时遵守职业守则,即：遵纪守法,恪尽职守;团结合作,热情服务;严谨求实,精益求精;尊重知识,诚信为本;开拓创新,不断进取。

（二）基础知识

基础知识要求包括信息技术、企业管理和法律法规知识三部分。

信息技术知识包括:计算机软硬件基础知识;计算机网络基础知识;数据管理基础知识;管理信息系统知识。

企业管理知识包括:企业管理概论;财务会计基础知识;市场营销基础知识;人力资源管理基础知识;生产与运作管理基础知识。

法律法规知识包括:经济法基本知识;知识产权法基本知识;WTO 相关知识。

（三）工作要求

按照企业信息管理师的三个级别,《标准》分别从信息化管理、信息系统开发、信息网络构建、信息系统维护、信息系统运作、信息资源开发与利用等六大方面提出了程度不同的工作要求,对不同级别企业信息管理师的工作要求依次递进,高级别涵盖低级别的要求。

对助理企业信息管理师的要求重在具体操作的工作方面,如信息系统开发中系统需求调查、业务流程调查以及系统的实施;信息网络构建中综合布线、安装调试、网络服务管理以及网络系统的故障和安全管理;信息系统软硬件与数据维护以及文档管理、系统备份和恢复;信息需求调研与分析、信息采集等具体操作性和辅助性工作。该级别的企业信息管理师需要具备较多的信息技术知识。对该级别企业信息管理师的鉴定采用理论知识考试与专业技能考核相结合的方式,理论知识考试和专业技能考核均实行百分制,成绩均达 60 分及以上者为合格。

高级企业信息管理师则需要具有一个战略性的头脑,在企业信息化建设过程中要能统揽全局,制定企业信息化战略规划,建立信息化评价体系,实现信息化组织管理,制定信息化标准规范;对信息系统开发、运作、信息网络构建以及信息资源开发利用等方面提出指导性意见,并能进行协调和组织领导等工作。该级别的企业信息管理师需具备较高的企业管理知识,有丰富的企业经营管理经验。该级别企业信息管理师的鉴定除进行理论知识考试和专业技能考核外,还须进行综合评审。

中级企业信息管理师是承上启下的中坚人物,他们的工作量最大,既要领导初级人员工作,又要提出符合高级人员战略思想的方案,并在信息化实施中承担相应的组织工作和技术工作。中级企业信息管理师在信息化中的人数也比较多,一般中小企业如果没有高级企业信息管理师,实际上由中级企业信息管理师承担企业的信息化工作。该级别企业信息管理师的鉴定方式同高级企业信息管理师。

总的来说,合格的企业信息管理师必须是具备一定企业管理知识、信息技术知识和法律法规的复合型人才。企业信息管理师需要有从事企业经营管理的经验,对企业的发展战略、各部门之间的协调沟通有比较清醒的认识,同时也具备一定的信息技术知识,能够了解国际信息技术发展的潮流趋势,及时掌握最新信息管理系统的特点与功效,最重要的是职业人员能够将两类知识巧妙地融合,在本企业的管理与当前信息化发展中找到最好的结合点。

三、企业信息管理师的职业前景

企业信息管理师这一新职业的推出,备受社会各界尤其是广大 CIO 的瞩目,受到上百家新闻媒体和数千家网站的多次专门报道,并联合全国企业信息化领导小组办公室和信息化知名机构组成本职业全国统一鉴定工作的顾问单位。自 2003 年以来,已陆续在铁道部、国家烟草专卖局、国家安全生产监督管理局等行业系统以及各中央企业启动本职业培训工作,并多次举办企业信息管理师、高级企业信息管理师示范性资格认证培训班,来自全国各地大中型企业的 CIO 和高管人员参加了培训鉴定。目前,企业信息管理师职业资格培训在近二十个省、直辖市已经开始全面招生。可以说,企业信息管理师国家职业资格认证业已被社会普遍认为是中国 CIO 人才培养的"主流渠道"。

CIO 最早诞生于美国,中文译为首席信息官、信息主管、信息总监、总信息师等,是负责制定公司信息政策、标准,并对全公司的信息资源进行管理控制的高级行政官员,其任务在于负责组织机构的信息化工程,服务于组织机构的最高战略目标。CIO 是随着信息资源管理浪潮的兴起而诞生的,原指政府管理部门中的首席信息官,随着企业信息化的发展,CIO 在企业中应运而生,成为举足轻重的人物。CIO 作为进入核心管理层的高级决策人员,主要负责组织的信息化工作,通过对包括设备、技术、人员、资金和信息本身内在的所有信息资源的科学管理,促进业务流程的重组或调整,从而提高整个机构的管理决策水平。该职务在国外某些公司企业中与其他高层管理人［如首席执行官（CEO）、首席财务官（CFO）］的地位相当,但权力比 CEO 稍小,如美国企业的首席信息官相当于副总经理,直接对最高层决策者负责。

　　进入 21 世纪,我国开始了第三步战略目标的奋斗历程,党的十五届三中全会决议中提出"以信息化带动工业化"的战略方针,描绘了我国国家信息化宏伟蓝图,我国企业正处在信息化建设的黄金时代。同时,经济全球化和我国加入 WTO,国内企业迎来前所未有的发展机遇和压力,这些企业不仅需要信息技术型人才,更需要信息化建设的复合型开发和管理人才。 吴邦国同志（时任国务院副总理）在 2001 年年底召开的全国企业管理信息化现场工作会议上明确指出:"培养一大批既懂经营管理又懂信息技术的复合型信息管理人才队伍已是当务之急。"麦肯锡和北京大学联合进行的"2012中国信息化领导力和 CIO 调研"项目调查结果显示:中国企业的 IT 部门正在努力摆脱传统意义上的后台支持角色;绝大多数 IT 投资仍主要着眼于提升企业的日常经营效率,只有很小一部分 IT 投资真正投入到了面向用户、能够创造商业价值的业务举措上,帮助中国企业在全球范围内更有效地参与竞争;随着国内外竞争的日益加剧,企业亟待业务转型,CIO 的作用在这一转型之中举足轻重,而企业要保持增长,要在全球胜出,没有 CIO 是不行的。由此可见,复合型信息管理人才是稀缺资源,直接决定着企业信息化建设的成败。而企业信息管理师国家职业资格认证的目的即是为了在国家职业资格证书制度的规范下,高质量地创造这种资源。因此,对企业而言,企业信息管理师是"雪中送炭";对个人而言,企业信息管理师是"黄金职业"。

可以预期,"企业信息管理师"职业的建立必将极大地促进信息学科的发展,反过来促进人才的培养、凝聚和使用,从而极大地促进国民经济和社会信息化进程。

第四节　学历深造

　　工作还是继续深造?继续深造的话是在国内读研还是出国深造?这无疑是很多大学毕业生所面临并为之感到困扰的问题。不可否认,在当今社会环境下,由于各种原因的驱使,越来越多的人加入到考研大军的队伍,而本科毕业的大学生占到这其中的大多数。对于本科毕业的大学生而言,由于各大高校的大范围扩招,本科毕业文凭在就业中已经不再具有优势,硕士研究生甚至博士研究生学历是高等教育学历的高级层次,大学生可通过研究生文凭来提升自己,从而寻找更好的工作。有关资料显示,当今社会"考研热"现象应该最初始于 1995 年,当年的考研报名人数增长率超过 30%,至 2005 年已破百万,2011 年突破 150 万,2012 年和 2013 年则突破 170 万。作为国家信息化建设中新兴的学科专业,本专业亦有不少学生面临着"工作还是考研"这一难题,对本专业大学生来说,无论工作还是考研都应该是职业规划和人生规划的一部分,而不是简单的为了逃避压力、逃避就业,大学生应该找好自己的定位,从自己的实际情况出发,正确对待考研。对于已经规划好自己的人生,确定继续深造的大学生,本节给出国内外相关的高校和科研机构供参阅。

一、　国内读研

　　本专业为中医药院校中的信息管理与信息系统专业,隶属管理学大门类,研究生专业的一级学科名称为"图书情报与档案管理",并分为"图书馆学"、"情报学"、"档案学"二级学科，21 世纪初，增加了出版和信息资源管理两个专业。应届本科毕业生除可考取与本专业密切相关的情报学方向研究生外，还可考取管理学类其他学科（如管理科学与工程、工商管理、公共管理等专业）的研究生。本小节主要对具有情报学方向硕士点的国内高校和科研机构进行统计，同时由于本专业兼具医药特色，分表 6-6 和表 6-7 列出具有情报学方向硕士点的医药类和非医药类高校和科研机构。

表 6-6　具情报学方向硕士点的医药类高校和科研机构一览表

招生单位名称	所在地	院校特性	博士点	院系所名称	学科整体水平得分
北京协和医学院	北京市		√	医学信息研究所	66
中国中医科学院	北京市		√	中医药信息研究所	
中国人民解放军军事医学科学院	北京市		√	卫生勤务与医学情报研究所、解放军医学图书馆、北京生物技术和新医药产业促进中心	
中国医科大学	辽宁省		√	医学信息系	
新乡医学院	河南省			管理学院	
第四军医大学	陕西省	211	√	训练部	

注：资料来源于：①中国研究生招生信息网硕士专业目录查询（http://yz.chsi.com.cn/zsml/zyfx_search.jsp [2014-2-11]）；②中国学位与研究生教育信息网 (http://www.chinadegrees.cn/ [2014-2-11])。

表 6-7　具情报学方向硕士点的非医药类高校和科研机构一览表

招生单位名称	所在地	院校特性	博士点	院系所名称	学科整体水平得分
北京大学	北京市	985、211	√	信息管理系	79
中国人民大学	北京市	985、211	√	信息资源管理学院	85
北京航空航天大学	北京市	985、211	√	经济管理学院	
中国农业大学	北京市	985、211	√	图书馆	
北京师范大学	北京市	985、211	√	政府管理学院	69

招生单位名称	所在地	院校特性	博士点	院系所名称	学科整体水平得分
中国科学院大学	北京市		√	国家科学图书馆	
中国科学技术信息研究所	北京市		√	不区分院系所	
中国农业科学院	北京市		√	农业信息所、质量标准所	68
中国航空工业总公司第六二八研究所	北京市		√	不区分院系所	
中国国防科技信息中心	北京市		√	不区分院系所	
南开大学	天津市	985、211	√	商学院	74
天津大学	天津市	985、211	√	管理与经济学部	
天津师范大学	天津市		√	管理学院	66
河北大学	河北省		√	管理学院	67
山西大学	山西省		√	经济与管理学院	
山西财经大学	山西省		√	不区分院系所	
吉林大学	吉林省	985、211	√	管理学院	74
东北师范大学	吉林省	211	√	计算机科学与信息技术学院	67
黑龙江大学	黑龙江省		√	信息管理学院	
华东理工大学	上海市	211	√	科技信息研究所	66
华东师范大学	上海市	985、211	√	商学院	70
上海大学	上海市	211	√	图情档系	70
上海社会科学院	上海市		√	信息所	
南京大学	江苏省	985、211	√	信息管理学院	86
苏州大学	江苏省	211	√	社会学院	67
东南大学	江苏省	985、211	√	情报科学技术研究所	
南京航空航天大学	江苏省	211	√	科技信息研究所	

续表

招生单位名称	所在地	院校特性	博士点	院系所名称	学科整体水平得分
南京理工大学	江苏省	211	√	经济管理学院	
河海大学	江苏省	211	√	商学院	
江苏大学	江苏省		√	科技信息研究所	
南京农业大学	江苏省	211	√	信息科学技术学院	69
解放军南京政治学院	江苏省			上海校区	
浙江大学	浙江省	985、211	√	公共管理学院	
安徽财经大学	安徽省			不区分院系所	
福州大学	福建省	211	√	图书馆	65
福建师范大学	福建省		√	社会历史学院	
山东科技大学	山东省		√	信息科学与工程学院	
青岛科技大学	山东省		√	经管学院	
济南大学	山东省		√	医学与生命科学学院	
山东理工大学	山东省		√	科技信息研究所	
郑州大学	河南省	211	√	信息管理学院	69
郑州航空工业管理学院	河南省			信息科学学院	
武汉大学	湖北省	985、211	√	信息管理学院	96
华中科技大学	湖北省	985、211	√	医药卫生管理学院	
华中师范大学	湖北省	211	√	信息管理学院	76
华南师范大学	广东省	211	√	经济与管理学院	
广西民族大学	广西壮族自治区		√	管理学院	
西南大学	重庆市	211	√	计算机与信息科学学院	67
四川大学	四川省	985、211	√	公共管理学院	70
西南科技大学	四川省		√	经济管理学院	

续表

招生单位名称	所在地	院校特性	博士点	院系所名称	学科整体水平得分
云南大学	云南省	211	√	公共管理学院	
西安电子科技大学	陕西省	211	√	经济与管理学院	66
兰州大学	甘肃省	985、211	√	管理学院	66

注：资料来源于：①中国研究生招生信息网硕士专业目录查询（http://yz.chsi.com.cn/zsml/zyfx_search.jsp）；②中国学位与研究生教育信息网（http://www.chinadegrees.cn）。

以上所列高等院校和科研机构，先按省份集中，再按学校代码排列，同时列出院校特性，是否有博士点，招收情报学方向硕士的院系所名称以及2012年教育部学科评估中"图书情报与档案管理"一级学科整体水平得分。

"211工程"的建设始于1995年，即面向21世纪，重点建设100所左右的高等学校和一批重点学科的建设工程，其中若干所高校接近或达到世界一流大学水平，目标在于办好一批"重点大学"。目前，我国已建设"211工程"高校112所。

"985工程"的实施，是党中央国务院在世纪之交做出的重大决策，该项工程于1999年正式启动，是我国政府为建设若干所世界一流大学和一批国际知名的高水平研究型大学而实施的高等教育建设工程，目标在于建设"世界一流大学"。截止到2011年年末，已建成"985工程"高校39所。

"学科整体水平得分"为教育部学位与研究生教育发展中心于2012年组织开展学科评估的评估结果，该次评估是按照国务院学位委员会和教育部颁布的《学位授予和人才培养学科目录》的学科划分，对具有研究生培养和学位授予资格的一级学科进行整体水平评估。图书情报与档案管理一级学科的参评对象包括"博士一级"授权的高校、"博士二级"授权和硕士授权的高校，按照自愿申请参评的原则，对参评的28所高校进行学科整体水平的评估。评估结果可便于学生了解相关高校和科研机构的学科建设状况，为学生选报学科、专业提供参考。

"211 工程"和"985 工程"高校均为国家重点建设高校,学校的办学条件较好,在人才培养、科学研究、社会服务能力上居于前列,适应地区和行业发展,总体处于全国一流水平,当然,"985 工程"高校在整体水平上要优于"211 工程"高校。有博士授予权的高校和研究机构在本学科领域的科学研究水平较高,有利于学生在该领域进一步深造。教育部学科评估是对具有研究生培养和学位授予资格的高校和科研机构整体水平的评估,其结果也可以为学生选报学校提供参考。

为便于本专业应届本科毕业生选报研究生,对本专业以往考取研究生情况进行统计,如表 6-8 所示。2009 届 2 人考取非医药类高校研究生,分别为武汉科技大学和中国民航大学;2010 届 2 人考取本校研究生,另 3 人分别考取河海大学、南京师范大学和厦门大学研究生;2011 届 2 人考取本校研究生,另 2 人分别考取东南大学研究生院和南京农业大学研究生院研究生;2012 届 1 人考取本校研究生,1 人考取江苏大学研究生,3 人考取南京大学研究生;2013 届 1 人考取本校研究生,1 人考取东南大学苏州联合研究生院研究生,1 人考取五邑大学研究生,1 人考取南京理工大学研究生,2 人考取南京大学研究生。

表 6-8　本专业 2008—2013 届考取国内研究生情况

	2008 届	2009 届	2010 届	2011 届	2012 届	2013 届
医药类高校	0	0	2(本校)	2(本校)	1(本校)	1(本校)
非医药类高校	0	2	3	2	4	5
合计	0	2	5	4	5	6

注:①资料来源于南京中医药大学就业指导中心统计数据;②统计数据为南京中医药大学信息管理与信息系统专业学生,不含翰林学院信息管理与信息系统专业学生。

从历届学生考取国内研究生数据可以看出,大部分学生选择考取本校或有情报学方向硕士点的高校研究生,同时亦有部分学生考取管理学大类相关专业或自己感兴趣专业的研究生,然而却无学生选择非本校的医药类高校。选择继续深造的高校或科研机构最主要是要结合自己的专业兴趣，热爱自己所选专业，对自己的人生有一个合理的规划。本专业应届本科毕业生在选择考研高校时不仅可以参考以往毕业生的考取情况，同时也要放宽眼界，综合考虑其他高校和研究机构的整体水平，选择合适的报考单位。

二、出国深造

信息管理与信息系统专业在国内对应的研究生专业一级学科名称为"图书情报与档案管理"，在美国的相应学科为 Library and Information Science（图书馆学与情报学），在英国的相应学科为 Library and Information Management（图书馆与信息管理学）。国外图书情报学自诞生至今（注：国内外该学科的名称多有不同，如国内称为图书馆学与情报学、图书馆学情报学、图情学、LIS（Library and Information Sciences）等，国外称为 Library and Information Science、Library and Information Studies 等，为简便起见，下文统称为图书情报学），发生了翻天覆地的变化。进入 21 世纪，全球逐步步入知识经济时代，为顺应时代发展，美国 7 所著名的图书情报院系院长于 2003 年共同提出"信息学院运动"（Information Schools Movement，简称 iSchool 运动）。该运动的目的在于形成一个学科联盟，拓宽图书情报学的研究领域，发现和探索一些新的研究领域，促进自身的变革和获得卓越的发展前景，并于 2005 年正式通过章程，宣告国际 iSchool 联盟成立。iSchools 的前身并非均为传统的图书情报学院系，有的是图书馆学学院，有的是计算机学学院，有的与通信院系合并，有的与管理学院系融合，各成员院系都通过不断的改革调整，最大化地利用国际资源，提高自身的实力。目前，联盟已有学院成员 52 个，覆盖美国、加拿大、爱尔兰、英国、芬兰、德国、丹麦、澳大利亚、新加坡、中国、葡萄牙、西班牙、荷兰、瑞典、日本等 15 个国家。iSchool 以开设网站、举办年会的形式促进跨学科的信息获取与共享，已在世界图书情报学领域产生了广泛的影响。本小节主要对具有图书情报学方向硕士点的 iSchool 高校进行统计（表 6-9），以供本专业学生参考。

表 6-9 国际 iSchool 联盟中具图书情报学硕士点的国外高校一览表

招生单位名称	所在国别	院系所名称	院系所网址
University College Dublin	爱尔兰	School of Information and Library Studies	www.ucd.ie/sils
Charles Sturt University	澳大利亚	School of Information Studies	www.csu.edu.au/faculty/educat/sis
University of Copenhagen	丹麦	Royal School of Library and Information Science	iva.ku.dk/forside
Humboldt University of Berlin	德国	Berlin School of Library and Information Science	www.ibi.hu-berlin.de
University of British Columbia	加拿大	School of Library, Archival & Information Studies	www.slais.ubc.ca
University of Toronto	加拿大	Faculty of Information	www.ischool.utoronto.ca
Drexel University	美国	College of Information Science and Technology	www.ischool.drexel.edu
Florida State University	美国	School of Library and Information Studies	slis.fsu.edu
Indiana University	美国	School of Informatics and Computing	soic.iu.edu
Rutgers, the State University of New Jersey	美国	School of Communication and Information	comminfo.rutgers.edu
Syracuse University	美国	School of Information Studies	ischool.syr.edu
University of California, Los Angeles	美国	Graduate School of Education and Information Studies	gseis.ucla.edu
University of Illinois	美国	Graduate School of Library and Information Science	www.lis.illinois.edu
University of Kentucky	美国	College of Communications & Information Studies	www.uky.edu/CIS/SLIS
University of Maryland	美国	College of Information Studies	ischool.umd.edu

续表

招生单位名称	所在国别	院系所名称	院系所网址
University of Michigan	美国	School of Information	www.si.umich.edu
University of Missouri	美国	School of Information Science and Learning Technologies	lis.missouri.edu
University of North Carolina	美国	School of Information and Library Science	sils.unc.edu
University of North Texas	美国	College of Information	www.lis.unt.edu
University of Pittsburgh	美国	School of Information Sciences	www.ischool.pitt.edu
University of Tennessee, Knoxville	美国	School of Information Sciences	www.sis.utk.edu
University of Texas, Austin	美国	School of Information	www.ischool.utexas.edu
University of Washington	美国	Information School	ischool.uw.edu
University of Wisconsin, Madison	美国	School of Library and Information Studies	www.slis.wisc.edu
University of Wisconsin-Milwaukee	美国	School of Information Studies	www.uwm.edu/sois
University of Tsukuba	日本	Graduate School of Library, Information and Media Studies	www.slis.tsukuba.ac.jp/grad/english/index-e.html
University of Boras	瑞典	The Swedish School of Library and Information Science	www.hb.se/en/The-Swedish-School-of-Library-and-Information-Science-SSLIS
University College London	英国	Department of Information Studies	www.ucl.ac.uk/dis
University of Sheffield	英国	Information School	www.sheffield.ac.uk/is

注: 资料来源于 iSchools Directory (http://ischools.org/directory/ [2014-2-10])。

本专业2008届至2013届已毕业学生中，2009届1人和2011届2人出国深造（具体去向不详）；2012届2人就读学校分别为英国拉夫堡大学（Loughborough University）和瑞士苏黎世大学（University of Zurich）；2013届1人就读学校为美国得克萨斯大学达拉斯分校（The University of Texas at Dallas）[①]。本专业应届本科毕业生在选择国外高校继续深造时，一定要对所选高校及其专业有详细的了解，切莫盲目选择一些"野鸡"大学，本节所列高校以及往届学生所选高校均可供参考。另外，对于想申请美国高校硕士研究生的学生来说，择校时也可参考美国图书馆协会（American Library Association, ALA）对LIS研究生院的认证（http://www.ala.org/accreditedprograms/directory[2014-2-10]）以及美国U.S.News对LIS研究生院的排名（http://grad-schools.usnews.rankingsandreviews.com/best-graduate-schools/top-library-information-science-programs[2014-2-10]）。

ALA是美国教育部批准的唯一图书情报学学位认证机构，自1924—1925年度起开始对美国和加拿大具有图书馆学和情报学硕士学位授予权的教育机构进行认证，1988—1989年度起增加了波多黎各，认证的目的在于促进图书情报学硕士生教育整体水平的提升。ALA仅对三个国家中拥有硕士学位的院系进行认证，所认证的院系授予的学位名称不仅是图书情报学硕士（MLIS），还包括情报学硕士、信息硕士、文学硕士等等。认证结果并不对院系进行排名和比较，按照院系所在州或省的字母顺序给出《可授予图书情报学硕士学位的院校目录》。

U.S.News于1987年推出研究生教育排行榜，每年对美国研究生院按专业进行排名，旨在对学科科研和教学整体水平进行评价，直观展示学校专业实力。U.S.News每年对图书情报学学科及其具体专业学位点进行排名，考核对象为美国图书馆协会认可的图书情报学学院，根据同行所给出的评定等级对各专业院校进行排名，并给出图书情报学下各专业学位点10所得分最高的院校排名。

---

① 注：资料来源于南京中医药大学就业指导中心统计数据。

>>>>>> 第七章

信息管理与信息系统专业学习辅导

第一节　专业名人①

一、陈传夫

陈传夫，男，1962年生。武汉大学图书馆学硕士，法学博士。教育部长江学者特聘教授，武汉大学信息管理学院教授，武汉大学本科生院院长，曾任武汉大学信息管理学院院长，武汉大学教务部部长。现为武汉大学知识产权高级研究中心主任；兼任教育部图书馆学科教学指导委员会副主任委员、中国图书馆学会研究与培训委员会主任委员、中国社会科学情报学会常务理事、学术委员会副主任委员、中国版权协会理事、武汉市知识产权研究会常务理事、武汉市专利鉴定委员会副主任委员；中国科学院《图书情报工作》、中国社科情报学会学报《情报资料工作》编委。研究领域为知识管理与知识产权方向，曾应邀以高级访问学者身份赴美国华盛顿大学、法国巴黎十一大学法学

---

① 本节名人按姓名字母顺序排列，排名不分先后。

院、英国东安哥利亚大学法学院从事研究工作。主持完成国家自然科学基金、国家社会科学基金、欧盟中国高等教育合作知识产权项目 5 项。

二、陈国青

陈国青,男,清华大学经济管理学院管理科学与工程系教授、博士生导师、学术委员会主任。EMC 讲席教授(EMC Chair Professor),2005 年度教育部长江学者特聘教授。1982 年于中国人民大学信息系获学士学位,1985 年教育部选派赴欧洲留学,分别于 1988 年和 1992 年获得比利时鲁汶大学硕士、博士学位。现为清华大学经济管理学院教授、博士生导师,常务副院长,学术委员会主任。1999 年度国家杰出青年科学基金获得者,教育部管理科学与工程类学科教学指导委员会副主任,国家自然科学基金委员会评审专家组成员。主要教学与研究领域包括管理信息系统、IT 战略与管理、商务智能与决策、不确定信息处理。主持多个国家和企业科研项目,包括国家自然科学基金重点项目、国家科技部国际合作项目,以及企业信息战略及 ERP 实施等企业项目。担任国际杂志 *Information Processing and Management*、*Journal of Strategic Information Systems* 的副主编,国际杂志 *International Journal of Uncertainty, Fuzziness and Knowledge-based Systems* 的执行编辑,国际杂志 *Information Sciences* 的编委,以及国际杂志 *International Journal of Intelligent Systems* 等的特约编辑。同时是国际计算机协会(ACM)会员、数据管理专业委员会(SIGMOD)和知识发现专业委员会(SIGKDD)成员;国际信息系统协会(AIS)中国分会(CNAIS)主席;中国信息经济学会副理事长;中国模糊数学与系统专业委员会秘书长。担任多个国际会议主席和 IPC 成员,包括国际模糊系统学会 IFSA2003 世界大会 "信息系统" 领域主席、IFSA2005 世界大会组委会主席、IEEE 电子商务与工程国际会议(ICEBE2005)大会主席等。在清华大学和国外讲授《IT 管理》、《管理信息系统》、《数据、模型与决策》、《数据库管理》、《模糊理论与信息系统》等本科和研究生课程,并多次获得清华大学教学奖项。

三、蔡淑琴

蔡淑琴,女,华中科技大学教授,博士生导师。自动控制学士、管理科学与工程硕士博士。企业智能商务工程研究所所长。主要研究领域为网络营销与电子商务,企业运作与管理信息化咨询,企业信息资源规划,企业信息系统规划,分析与设计,电子商务开发。担任中国物流技术协会常务理事、湖北省汽车行业协会市场营销专业委员会秘书长、武汉市制造业信息化专家组成员、上市公司广西柳工的管理信息化顾问、国家自然科学基金委员会管理学科部同行评议专家。获2006年度宝钢优秀教师奖,获省部级科学技术进步奖4项,获2002年华中科技大学研究生院的优秀研究生指导教师奖。主持、参与国家自然科学基金、国家教委博士研究基金等国家级项目9项;开发多种类型企业的管理信息系统、辅助决策系统、Intranet等20余个系统(所开发的系统在企业产生了巨大的效益);主编、参编专著或教材7本;在核心期刊、重要期刊、国际会议发表学术论文70余篇;作为主编,编著了全国第1本"物流信息系统"教材;华中科技大学／湖北省《管理信息系统分析与设计》精品课程负责人。

四、胡祥培

胡祥培,男,1962年出生于安徽省黄山东麓的绩溪县,现任中国软件协会系统工程分会副理事长兼秘书长,1991年以来主持完成30多项科研课题,发表论文100余篇,被SCI、EI、ISTP收录30多篇。主要研究方向为系统工程、管理科学与工程、运筹学、电子商务与物流管理。担任中国软件协会系统工程分会副理事长兼秘书长、中国系统工程学会理事及其教育系统工程专业委员会委员、青年工作委员会委员,哈尔滨工业大学兼职教授、浙江大学兼职教授、合肥工业大学兼职教授、中国石油大学(华东)兼职教授、澳门科技大学兼职教授。《管理工程学报》、《管理学报》、《管理科学》等杂志编委。曾多次获得哈尔滨工业大学优秀教师、哈尔滨工业大学中青年学术带头人、获教育部骨干教师资助计划资助,2006年"新世纪百千万人才工程"(国家级人选),获教育部骨干教师资助计划资助,入选辽宁省"百千万人才工程"百人层次。

五、黄梯云

黄梯云,男,教授。安徽休宁人。1953年毕业于大连工学院机械系。1956年毕业于哈尔滨工业大学研究生班。历任哈尔滨工业大学讲师、副教授、教授,中国工业科技管理大连培训中心管理信息系统教学组组长,国务院学位委员会第二届学科评议组成员。并兼职担任全国博士后管理委员会专家组成员,《管理工程学报》常务编委、中国管理科学研究院特约研究员,以及黑龙江省学位委员会委员兼管理学科组长。并于1984年获航天工业部劳动模范称号。研究方向为管理信息系统、决策支持系统和电子商务。长期致力于管理信息系统及工业技术经济的教学与研究工作,曾主持完成电子计算机编制优化生产计划系统、微型机编制生产作业计划系统及综合管理信息系统的研究工作。编著有《企业管理信息系统》、《管理信息系统导论》等。共主持完成中国长江三峡总公司设备管理与供方信息系统、大庆测井公司决策支持系统等20余项科研项目。出版专著和教材16种,发表学术论文200余篇,获省、部级科技进步奖10项,省优秀教学成果奖1项,国家教委优秀教材奖3项。

六、刘杰

刘杰,男,1963年9月生。现任复旦大学管理学院教授、博士生导师;同济大学经济管理学院兼职教授、博士生导师。同济大学工业自动化学士和硕士、管理科学与工程博士。1995—1997年在复旦大学从事管理学博士后研究工作。2001年在全国留学基金的资助下作为高级访问学者前往法国从事研究工作。担任国际信息系统学会中国分会理事、中国系统工程学会青年工作委员会委员、上海市系统工程学会理事、上海市科技启明星联谊会理事、上海市科普讲师团成员、宁波市政府和上海市闵行区政府机构信息化顾问等。长期从事企业管理与信息系统研究与实务,主要领域集中在管理信息系统（MIS）、决策支持系统（DSS）、电子商务（EC）和虚拟组织（VO）等方面。已发表六十多篇论文，在科学出版社清华大学出版社出版了三本专著，和其他老师共同在其他出版社出版了三本专著。现正在承担多项重点课题研究项目。

七、马费成

马费成，男，1947年8月生，武汉大学信息管理学院教授、博士生导师，中国信息管理科学、情报学界知名专家，曾任武汉大学信息管理学院院长，现任教育部人文社会科学重点基地武汉大学信息资源研究中心主任。长期从事情报学理论方法、信息资源管理等领域的教学科研工作，主要研究方向为信息经济、信息资源管理与规划、情报学理论方法。他担任首席科学家，先后承担教育部哲学社会科学重大攻关项目、国家自然科学基金重点项目等国家及省部级科研项目20余项，取得突出成果，具有广泛影响。出版《网络信息序化原理——Web2.0机制》《IRM—KM范式与情报学发展研究》等著作10余部，在国内外重要学术期刊上发表论文100余篇，获教育部人文社会科学研究优秀成果奖一、二等奖，湖北省社会科学优秀科研成果一等奖、国家教学成果奖等国家及省部级教学科研成果奖10余项。2007年被评为全国教学名师，获宝钢优秀教师特等奖。他指导的一篇博士学位论文获全国百篇优秀博士论文。2012年12月当选为武汉大学人文社会科学资深教授。是国务院学位委员会图书馆、情报与档案管理学科评议组召集人，教育部社会科学委员会委员，教育部管理科学与工程教学指导委员会副主任，国家社会科学基金图书馆、情报与文献学评审组副组长，国家自然科学管理科学部评审组成员，中国科技情报学会副理事长，中国信息经济学会副理事长，国际信息系统学会（AIS）中国分会（CNAIS）副主席。国际权威杂志《信息科学学报》(*Journal of Information Science*) 编委，《图书情报知识》杂志主编，《情报科学》杂志编委、副主任，《情报学报》《情报杂志》《情报探索》《中国科技资源导刊》等杂志编委。

八、沈固朝

沈固朝,男,1953 年 5 月生。1986 年纽约州立大学布法罗图书馆学情报学研究生院毕业,获图书馆学硕士学位,1997 年南京大学历史系毕业,获史学博士学位。南京大学信息管理系情报学教授,博士生导师,曾任系主任。兼任中国科技情报学会第六届理事会常务理事、江苏省图书馆学会第五届理事会副理事长、继续教育委员会主任,武汉大学信息资源研究中心兼职研究员。主要研究领域为信息检索和服务、信息咨询与用户研究、经济信息和竞争情报。著、编、译书(包括参著参编)10 余种,文章 40 余篇,单独承担、主持或主要参加的科研项目(不含校级项目)10 个,4 项属省部级项目。获奖 6 项,指导硕士研究生十余人,博士研究生 6 人。主持 CI 工作室,为企业提供竞争情报服务。出版教材《市场信息的搜集与利用》(南京大学出版社,2000)、《信息检索(多媒体)教程》(高等教育出版社,2002)、《网络信息检索》(高等教育出版社,2004)。

九、苏新宁

苏新宁,男,教授。1955 年 1 月生,理学硕士,教育部长江学者特聘教授,南京大学信息管理系首席学科带头人,情报学教授,博士生导师,现任南京大学信息技术开发研究所所长、南京大学中青年学术骨干,武汉大学信息资源研究中心学术委员会委员,中国人民大学、中南大学、南京农业大学、南京工业大学等高校兼职教授,中国科技情报学会信息技术专业委员会委员、江苏省科技情报学会副理事长,江苏省“十五”哲学社会科学专家库成员,《情报学报》、《情报科学》、《现代图书情报技术》等近 10 种学术期刊的编委,享受国务院颁发的政府特殊津贴。出版著作 20 部,在国内外专业期刊上发表论文百余篇,承担并完成了包括国家 863 课题、国家自然科学基金、国家社科基金、教育部、江苏省规划项目等各类课题 30 多项。设计并研制了我国第一部社会科学引文索引《中文社会科学引文索引》(CSSCI)。

主要从事信息处理与检索、信息分析评价、信息系统开发研究工作。

十、薛华成

薛华成,男,教授。1935 年 8 月生,1980—1985 年在清华大学领导创建管理信息系统本科生和硕士生专业,任专业教研室主任。1986—1987 年在美国奥本大学做访问副教授。1987—1999 年在复旦大学任管理科学系教授、博士生导师、系主任。2000—2005 年在澳门科技大学领导创建行政与管理学院,任教授,历任副院长、代院长、院长和名誉院长。早年从事自动化方面的研究工作。如发电机自同期、离子励磁装置、NC 系统、煤气管网计算机遥控系统等。研究领域主要为管理信息系统,自动控制。20 世纪 80 年代开始率领创办我国第一个管理信息系统(MIS)专业,现为 MIS 硕士点学科带头人、博士生导师。从事 MIS 开发、管理和决策支持系统研究,完成国家自然科学基金、863 基金支持的项目 6 项。发表论文(著)40 余篇。完成培养硕士生逾 50 人,指导博士生 7 人。曾主持完成国家教育信息系统规划、中日友好医院信息系统规划、"211 工程"重点学科建设 GDSS 实验室项目等重大项目;完成国家自然科学基金、863 基金、教委博士点基金等项目 10 余项;发表论文 50 余篇,出版著作 10 余部。曾任教育部管理工程类教学指导委员会委员、863CIMS 管理与决策支持系统专家组专家、中国管理科学学会管理信息专业委员会主任委员,是信息系统国际会议(ICIS)的中国联络员。

第二节　专业名著

一、管理信息系统(第四版)

黄梯云主编,高等教育出版社 2009 年第 4 版。

本书是在教育部"面向 21 世纪课程教材"《管理信息系统》(第 3 版)的基础上修订而成的,属于普通高等教育"十一五"国家级规划教材。全书共分十五章,在介绍管理信息系统有关概念、结构和功能的基础上,系统地阐述了 Web 开发的基本技术、结构化系统开发方法、面向对象开发方法、决策支持系统、电子商务、电子政务等内容。并新增加了供应链管理及其信息系统一章,同时根据管理信息系统的发展对其他各章做了修改和补充。旨在让读者熟悉用计算机对管理数据进行组织、存储、处理和使用的知识,获得开发管理信息系统和在管理中应用计算机的初步能力。重点掌握信息系统主要应用在管理的哪些方面,知道如何根据管理的需要,向系统开发人员提出设计要求,并配合他们建立信息系统,为管理决策服务。本书同时配有教学演示软件,内容包括供应链上的商务谈判支持系统、供应链整体生产计划优化、多工厂供应链集成计划优化模型、网上图书销售、旅馆管理、航空预订票、文献查询等 60 多个管理应用软件演示系统以及概念测试题等。不仅详细阐述了管理信息系统的基础理论,而且增强了管理信息系统在实践中的应用,有助于拓宽视野,提高应用能力,做到理论联系实际。

二、信息管理学基础（第二版）

娄策群主编,科学出版社 2009 年第 2 版。

随着社会信息化程度的日益提高,人类正在迈向信息社会。在信息社会中,信息、信息管理和信息管理学已越来越被人们所共知和重视。可以认为,信息是信息社会的主要资源,信息管理是信息社会中重要的社会实践活动,而信息管理学是指导信息管理活动有效进行的重要理论。本书共分 9 章,从信息、信息管理这两个基本概念及相关知识的角度上出发,重点论述了信息管理学的研究对象、研究内容、学科体系、学科性质及发展沿革等学科理论,阐述了信息管理的基本理论、过程、技术和人才问题,讨论了信息管理系统的种类、开发和维护,以及信息服务业的构成、发展、微观管理和宏观调控等问题,力求读者对信息和信息管理有一个基本了解,对信息管理学有一个总体的认识。本书可作为高等院校信息管理与信息系统、信息资源管理、图书馆、档案学等专业及相关专业的教材或教学参考书,也可供相关领域的科技工作者参考。

三、管理信息系统原理与应用（第三版）

罗超理主编，清华大学出版社 2012 年出版。

本书在参考了大量反映国内外最新管理信息系统理论和实践的成果和资料，全面讲述了管理信息系统的基本原理和应用。全书包括 16 章内容、分为 3 个部分。第 1 部分是基础篇，包括第 1 ~ 3 章，对管理信息系统的基本概念、主要类型及信息管理基本原理等进行了详细的分析和研究；第 2 部分是分析和设计篇，包括第 4 ~ 11 章，对管理信息系统的分析和设计理论、方法、技术和工具进行了全面、详细的描述；第 3 部分是应用篇，包括第 12 ~ 16 章，对管理信息系统的典型应用进行了深入分析，这些典型应用包括企业资源计划、供应链管理、客户关系管理及管理信息系统规划等。本书第三版继续延续了前两个版本的特色，结构合理、思路清晰、内容全面、密切联系实际。全面讲述管理信息系统的基本原理，力求为读者提供完整、系统的管理信息知识，有助于读者理解、掌握和应用管理信息系统的基本原理和方法。并详细研究管理信息系统的典型应用，使读者在掌握管理信息系统基本原理的同时，更好地理解如何使用所学到的理论知识去解决实际中的问题。

四、管理决策分析（第二版）

赵新泉、彭勇行主编，科学出版社 2008 年第 2 版。

管理决策分析是信息管理与信息系统专业的必修课程，是一门年轻的学科，开始于 20 世纪 40 年代的统计决策理论。随着该学科研究程度的逐步深入和应用范围的日益扩大，已经从单目标决策发展到多目标决策，从单阶段决策发展到序贯决策，从个人决策发展到群决策等，已经形成了一个十分活跃和广阔的研究领域。本书是普通高等教育"十一五"国家级规划教材，针对第一版该书对以下内容做了修改、补充：①适当地调整了教材体系，以实用决策为主线，突出多目标决策方法；②结合学科发展和教学实际，适当充实了新成果和新方法；③精选了典型案例，突出了学科适用性的特点，注重解决问题能力的培养；④设计的练习题特别注意培养学生的动手能力。

全书由决策分析概论、确定型决策分析、效用函数、风险型决策分析、贝叶斯决策分析、多目标决策分析、多属性决策分析、序贯决策分析、模糊决策分析和灰色决策方法等9章组成,结构合理,层次清晰,是信息管理与信息系统学生及相关工作人员的最佳参考著作。

五、信息管理与信息系统概论（第二版）

杨波主编,中国人民大学出版社2009年第2版。

本书是信息管理与信息系统专业的入门著作,主要目的是通过简明、准确、具体、形象的介绍,使刚进入的读者能够较快地了解这个学科对社会的重要意义,以及它的研究内容、特点和要求。信息管理与信息系统专业的知识体系可以概括为"一手抓信息技术,一手抓管理科学,用系统理论的思维武装我们的头脑"。本书的内容也是围绕这个知识体系展开的。首先,从宏观上介绍了信息化建设的大趋势,"自顶向下"地说明这个专业对于社会主义建设的重要作用和意义,建立专业的自豪感。然后,从信息技术、管理科学、系统科学三个方面介绍了本学科的知识基础。在此基础上,对于信息管理、信息资源、信息系统以及信息系统中的非技术因素等基本的概念进行初步的、基于感性知识的介绍。最后落实到学生知识和能力的要求和培养上。相较于黄梯云的《管理信息系统》,本书更侧重于基础理论研究。

六、信息资源管理教程

赖茂生主编,清华大学出版社2012年出版。

本书借鉴和参考了国内外的研究成果,形成了一个比较完整的信息资源管理知识体系,内容由三大部分共12章组成:第一部分是信息资源管理的概述和基本理论;第二部分是信息资源管理的四个主要领域,阐述政府、企业、公益性机构和网络环境下的信息资源管理的原理和方法;第三部分是信息资源管理的三大管理手段—政策法律、技术方法和经济,阐述如何利用政策法规、信息技术和方法、经济等手段来实现和加强信息资源管理。本书主要是供读者系统了解和掌握信息资源管理的基本理论、原则、技术方法和手段,掌握信息内容、信息技术和信息系统的管理,掌握企业、政府机构等不同组织机构的信息资源管理的任务、内容和模式以及信息资源管理的发展趋势,可以作为信息管理与信息系统专业、管理学科门类下的有关专业以及其他相关专业的本科生、研究生的核心基础课教材或主要参考书,也可以作为各种信息化人才培训计划和有关的职业资格认证考试的参考教材。

七、信息检索

于光主编,电子工业出版社 2010 年出版。

本书详细论述了网络环境下的信息和信息资源类型及其特征,包括:①信息社会发展需求,阐述了以提高终身学习能力为导向的信息素质教育概念、内涵、作用和指标体系;②信息检索技能培养与信息检索系统基本原理,以及基于信息计量学理论的科研活动和科技信息生产、交流与演变过程,科技文献信息和网络信息资源的特性;③文献信息的时间和空间上的分布规律及其带来的启示,阐释了引文索引理论的本质和应用价值、实际引文分布模型、引文索引检索方法以及在科学研究中的应用价值。并通过实例讲解了各种常用信息资源数据库的检索方法,以及各种平台上的个性化服务功能和期刊在线投稿方法,包括文献信息研究方法等。是高等学校信息管理与信息系统专业、图书馆学、情报学、档案学及其他相关信息专业本科生的参考著作,也可以作为信息管理部门、图书情报界、各类与信息检索有关的机构或部门、专业工作者的参考书。

八、信息分析:基础、方法及应用

朱庆华主编,科学出版社 2004 年出版。

本书系统地论述了信息分析的基本概念、原理、方法和具体应用。其中基础篇阐述了信息分析的基本概念、理论、流程和方法体系;方法篇着重对信息分析常用的定性分析方法和定量分析方法进行了系统介绍,包括预测方法和决策方法;应用篇则针对专利信息分析、市场信息分析和竞争情报分析这三个具有代表性的领域,论述了信息分析方法的具体应用;附录中提供了数据处理的基本知识、常用统计软件及常用定量分析方法的计算机程序。本书在注重基本理论与方法的同时，也强调实际分析与运用能力的传授；既保持了信息分析与预测知识体系的完整性与系统性，也反映了最近的信息分析与预测技术、方法及运用的情况；不仅对各种定性和定量分析预测方法进行了详细介绍，也注重定性方法与定量方法的有机结合，是信息管理与信息系统相关读者的重要参考著作。

九、信息系统开发——方法、案例与实验

郝晓玲主编，清华大学出版社 2012 年出版。

本书以整个信息系统开发生命周期为主线，重点围绕结构化方法和面向对象开发方法，详细阐述系统规划、系统分析、系统设计、系统实施以及系统运行与支持等各阶段的主要内容，并介绍了项目管理工具以及系统分析、设计的案例等，使其更具实践性。在每章之后提供了典型应用案例、思考题和练习题，用以加深理解。本书共分三部分：第 1~3 章主要介绍信息系统的概念、主要开发方法以及贯穿项目生命周期的项目管理技术；第 4~11 章讲述系统开发各阶段的任务、过程、结构化方法和工具；第 12~17 章讲述面向对象需求理解、面向对象分析、面向对象设计和面向对象实现；附录部分针对教学内容提供了 10 个系统开发项目，并设计了 8 个实验和 6 套模拟题，以强化读者的实践能力。本书内容丰富，翔实生动，融合了方法、案例和实验，便于读者理论联系实际，可作为多个专业学科，如信息管理与信息系统专业、计算机和信息系统专业等的专业研究著作。

十、信息经济学

桂学文主编，科学出版社 2006 年出版。

信息经济学是一个相对独立的信息科学领域，具有明显的综合性和边缘性，有其自身特定的研究对象、研究内容和研究方法，形成了信息经济学的综合性学科范式。本书在参考国内外众多信息经济学著作的基础上，结合信息管理与信息系统专业的特点，深入浅出地阐述了信息经济学的有关

内容。本书分为三部分：第一部分讲解信息经济学的基本理论,包括信息经济学的学科性质、研究对象、研究内容、研究状况、实践基础、理论基础、不完全信息与非对称信息理论等内容,包括第1~3章;第二部分讲解信息经济活动,按照从小到大、信息经济活动的递进序列,分别阐述了信息资源、信息产品、信息商品、信息市场、信息产业等内容,即第4~8章;第三部分则是信息经济活动的效果反映与评价,内容为国民经济信息化,即第9章,从不同侧面、不同角度对信息环境下的经济活动进行了总结和描述,体现了新型的经济活动内涵。

十一、信息计量学

邱均平主编,武汉大学出版社2007年出版。

信息计量学是在文献计量学的基础上发展起来的一门重要的新兴学科,也是当前国际学术界研究最活跃的专业领域之一。本书从理论、方法、应用三个角度,首次构建了信息计量学的内容体系,全面、系统地论述了信息计量学的六大基本规律和理论基础,详细讨论了引文分析法、计算机辅助信息计量分析法等主要的定量分析方法,还集中探讨了在信息资源管理、情报学、图书馆学、科学学与科技管理、科学评价与预测等学科领域及其定量管理等方面的具体应用。全书共14章,内容包括信息计量学的基本问题,文献信息的增长规律、老化规律和引证规律,布拉德福定律、齐普夫定律、洛特卡定律以及诸定律的共同理论基础,文献信息统计分析法、数学模型分析法、引文分析法、计算机辅助信息计量分析法以及信息计量学在信息资源管理、科技管理与研究中的应用等。最后还阐述了信息计量学的新发展——网络信息计量学的基本理论及应用等。本书清晰地梳理了文献计量学的发展过程,并透彻地解释了文献计量学的三大定理,同时对数学等方法在文献计量学中的运用也做了一定的介绍,比如统计学等,具有一定的创新价值。

十二、信息组织(第3版)

马张华主编,清华大学出版社2008年第3版。

本书作为信息管理专业系列教材之一,根据信息资源组织实践状况和使用需要,以信息资源组织的基本理论、方法及其规范系统作为基本内容,系统地讲述了信息组织的理论体系,主要包括信息组织基本知识、信息组织原理、信息描述的理论和方法、分类法理论、典型类表以及分类实践、主题法理论和典型主题词评介、主题标引与主题检索工具的建立以及自然语言标引与检索等。全书努力以知识组织体系为中心展开叙述,对信息组织基本知识、原理的介绍,力图在信息组织的整体背景上进行,以便于读者对信息组织知识的准确把握。同时本书对信息描述的理论方法也进行了叙述,以各国当前在书目著录以及元数据方面的实践为基础展开,从内容角度揭示信息资源描述方法,并尽可能在理论、方法的介绍中反映当前的技术进展和现状,同时对自然语言标引和检索进行了系统阐述,包括简要介绍了自动标引、后控系统、Ontology 等的基本知识,以及新的进展和动向,以便读者可以通过学习,对这类检索语言的构成和特点有一个总体的了解。

十三、数据结构与算法——C 语言实现

张千帆主编,科学出版社 2009 年出版。

本书是以"数据结构"为主要内容,主要介绍各种基本类型的数据结构及其算法实现。共分为 10 章,第 1 章为数据结构概述,内容包括数据结构和抽象数据类型等概念及算法复杂度的度量。第 2~7 章介绍线性表、栈、队列、串、数组、广义表、树和二叉树以及图等基本类型的数据结构及其应用。第 8 章介绍查找的基本概念、各种查找方法及其算法实现与算法分析。第 9 章介绍排序的概念及主要排序方法的排序原理、算法实现与算法分析。第 10 章介绍文件的基本概念及常用的文件结构。其中所有算法都有算法功能说明、算法思想分析、详尽的实例描述、C 语言编写并可编译执行的完整程序及运行结果图示,典型算法附有算法分析。本书是数据结构的入门书籍,按照线性数据结构、层次数据结构和网状数据结构的顺序,由易到难介绍主要抽象数据类型及其应用,最后介绍各种查找和排序方法。抽象的数据结构原理与算法实现紧密结合的写作特点使读者能够快速而卓有成效地掌握

数据结构原理和经典算法,以加深读者对数据结构和算法的理解,从而提高编程能力运筹学。

十四、信息获取与用户服务

颜端武、王曰芬主编,科学出版社 2010 年出版。

目前关于信息获得和利用的教材大多是围绕信息资源检索、信息检索工具展开的,内容主要着眼于数据库产品或检索工具的介绍和利用。本书是对面向用户的信息获取与信息服务问题的一次探索性尝试,希望突破单纯的信息资源检索这一写作模式和局限,从信息工作者、信息用户两个角度关注信息获取与用户服务中的相关理论、方法和技术工具等问题,从更为广泛的视角来进一步阐述信息获取与用户服务活动中涉及的需求、心理、认知、行为、满意度等问题,进一步分析数据库、人际网络、个性化推荐、RSS、博客等新手段、新技术问题。本书全面论述了信息获取与用户服务的相关理论、方法和技术工具,包括信息获取的概念和主要途径、用户信息需求与信息心理、信息搜寻行为理论与模型、数据库检索获取信息的方法和案例工具、通过互联网及 Web 2.0 获取信息的途径和工具、人际网络分析与人际网络信息获取、用户个性化信息服务、信息服务质量与用户满意度等方面。编写上采用理论讲述与案例工具的分析介绍相结合的形式,具有较强的可读性和可操作性,并融入了近年来相关领域的研究成果,是信息管理、情报学、图书馆学、工商管理、企业管理等专业的参考著作。

十五、信息时代的管理信息系统(原书第 8 版)

(美)斯蒂芬·哈格等著,严建援等译,机械工业出版社 2011 年出版。

作者斯蒂芬·哈格是美国丹尼尔斯商学院主管研究生的副院长和MBA 主任。是西德克萨斯州立大学的工商管理学学士和工商管理硕士,阿林顿的得克萨斯大学博士。哈格教授是许多书的合著者,如《信息技术:当今的未来优势》、《财务卓越》、《商务驱动技术》等。他还曾在很多杂志(如ACM 的《通信》、《社会经济规划科学》、《系统科学国际刊物》、《管理与决

策经济》等）上发表了大量文章。本书是原书第 8 版的翻译本,共分 9 章,
从管理和决策的角度阐述了当今信息技术发展的前沿领域和最新的系统开
发方法,包括互联网和电子商务、多媒体技术、数据仓库与数据挖掘、专家系
统与人工智能、Case 开发工具以及面向对象的技术等。以流畅的文字、生动
的讲解、翔实的案例和透彻的分析,将读者带入一个变幻莫测的信息世界。
在新版中,作者为广大读者提供了教与学的教材使用指导或建议,对例题和
案例进行了大幅度的更新,增加了一些新的内容,如预测分析、云计算等。
该著作是 MBA 及相关专业学生的经典教科书,也可作为中高层管理人员充
实技能、提高自身知识素养的参考读物。

十六、数据仓库与数据挖掘技术（第 2 版）

夏火松主编,科学出版社 2009 年第 2 版。

本书是系统阐述数据仓库和数据挖掘的理论、方法与实践的专业书籍,
其内容融合了先进的数据库技术、Web 技术、数理统计技术、人工智能技
术、现代的管理思想和系统的科学方法。详细阐述了数据仓库与数据挖掘
的基本原理,系统而全面地介绍了数据仓库与数据挖掘的概念、作用、算法
和应用举例,并且给出了信息分析所涉及的若干问题及框架。介绍了最新
的信息分析技术研究成果,如小波分析、Rough 分析、蚁群分析、分形技术、
Agent、数据挖掘的进化算法、聚类分析、非结构数据的挖掘、离群数据挖掘,
但并未详细描述,而将介绍重点放在其应用上,起到抛砖引玉的作用。本书
的写作目的并非是要深入到每一种算法是如何编程的具体细节当中,而是
以企业中正在从事或将要从事营销管理、经营决策和管理信息系统的深入
开发等方面的工作者和 IT 人员作为对象,为其提供较为详细的信息分析
技术、方法与总体思路。在材料组织上,本书力求做到系统性、准确性、完整
性、先进性、实用性,把培养读者对信息进行管理和利用的能力作为出发点,
其中所涉及的知识点既可促进管理创新,又可使信息技术在管理中得到更
广泛深入的应用。本书要求读者在阅读前,应具备数理统计、数据结构、数
据库技术和至少一门程序设计语言等方面的知识,还应具有一定的经营管

理方面的知识。书中有部分章节难度较大，读者根据实际情况可跳过。

十七、信息源和信息采集

沈固朝、施国良编著，清华大学出版社 2012 年出版。

信息无处不在，无时不有，无人不用。信息采集除了从有序的信息中间进行检索，还要从大量无序的信息源中查找信息，包括实物信息、言语信息、视觉信息、人际信息等。信息的载体日益复杂，信息采集方式和手段也越发多种多样。因此本书从传统采集工具和方法延伸到以往没有关注的方面——除文献以外的其他载体，除检索以外的其他方式，除计算机以外的其他工具和手段等。本书共 10 章，内容包括信息采集及其理论基础、信息源及其特征、信息采取工具及信息采集策略、信息采集技术、文献信息的采集、言语信息采集、视觉信息与实物信息的采集、网络信息的采集、采集信息的处理、信息采集的法律规范和道德自律。描述了各种方法、技术和工具的各自特点和长处，对进行比较，以便读者合理分析各种采集方法，取长补短，拓展信息获取的思路和途径。

十八、情报科学理论

靖继鹏、马费成、张向先主编，科学出版社 2009 年出版。

本书是《21 世纪信息管理丛书》之一，密切结合了当前我国情报科学的发展现状，吸纳、整合了近年来情报科学理论方面的研究成果，系统地阐述了情报科学的基本原理、基本理论和基本方法。内容包括绪论、情报科学的基本原理、情报科学的基本定律、情报科学的学科结构与学术流派、情报科学的学科基础、情报科学的方法论、情报科学的情报系统理论、情报科学的信息构建理论、情报科学的知识管理理论、情报科学的竞争情报理论、情报科学的信息生态理论、情报科学理论发展趋势等。本书体系新颖，内容全面，具有科学性、系统性和前瞻性；实用性强，具有广泛的应用价值。

十九、企业竞争情报理论与实践

李国秋、吕斌主编,清华大学出版社 2011 年出版。

情报是竞争主体为取得和保持竞争优势所进行的一切有关竞争对手、竞争环境和竞争策略的信息搜集与分析利用活动。本书的编写宗旨是为面向问题提供竞争情报的懈决方案,将理论与方法融汇于对问题情景描述、对问题的分析和解决问题的思路与过程之中。在阐述竞争情报的理论与方法的基础上,提出了竞争情报战略制定过程中的竞争情报解决方案。全书共11 章,可分为三个部分。第一部分包括第 1~3 章,概述竞争情报的理论与方法。第二部分包括第 4~6 章,所面向的问题是竞争情报战略制定过程中的竞争情报解决方案,涉及企业经营管理中的商业秘密保护、竞争环境监视与竞争战略制定、企业并购等影响企业生存发展的重大战略问题。第三部分包括第 7~11 章,所面向的是企业竞争中的各个环节和侧面的问题,如行业投资决策、企业价值链重构、竞争对手识别和分析、金融创新、危机管理等。现代竞争情报是科学技术快速发展的产物,本书不仅是包含了竞争情报的理论与方法,还在每章之中用相当长的篇幅描述实际场景中的竞争情报,作为实践参考,以更好的理论联系实际。

二十、运筹学:数学规划

黄红选编著,清华大学出版社 2011 年出版。

本书以确定性运筹学方法(数学规划)为对象,从建模、算法、软件、计算和理论等方面介绍了分析和求解常见运筹学问题的策略,全书共分 7 章:第 1 章概述了运筹学的历史、实例、模型、主要分支和优化软件工具。第 2 章在介绍线性规划建模方法的基础上,讨论了单纯形算法的基本原理和实现方式,并说明了线性规划的退化与单纯形算法循环现象,以及克服算法循环的策略。作为两阶段法的推广,本书介绍了线性目标规划及其求解方法,此外,还介绍了求解线性规划的优化软件计算技术。第 3 章主要介绍线性规划的灵敏度分析方法与对偶理论,讨论了求解线性规划问题的对偶单纯形算法、最优性条件以及线性规划对偶与对策论的关系。第4章讨论整数规划的模型与基本性质,以及求解整数规划问题的主要方法和软件技术。第5章介绍了无约束优化问题和约束优化问题的模型、最优性条件和求解方法,并且讨论了二次规划问题的最优性条件及该条件与线性互补问题的关系,分析了求解二次规划的线性互补策略。第6章分析了动态规划的基本模型、特征、最优性原理和求解方法,包括后向递归与前向递归,借助于动态批量模型说明动态规划的应用特点。第7章分析了常见的网络流问题,包括运输与指派问题、最大流问题、最小费用流问题以及网络计划中的关键路径法。此外,本书在主要章节的最后给出了案例分析和一些习题,书后还列出了一些参考文献和索引。

第三节 专业名刊

一、《科学计量学》(双月刊)

(Scientometrics. 1978, Amstendam: Elsevier Scientific Pub. co.)

本刊是由匈牙利出版的一份权威性的国际期刊,主要刊载科学计量学领域的研究论文、短讯和评论。为介绍科学计量研究方法、开展不同学术观点的争鸣提供了最广泛的国际环境,因刊载许多计量学的研究性文章,受到了图书馆和情报学专家的特殊重视。

二、《情报处理与管理》(双月刊)

(Information Processing & Management, 1975, Oxford: Pergamon Press.)

本刊是图书馆学情报学领域一份重要的国际科学期刊,研究情报学的产生、组织、存储、检索、传递及利用,涉及情报科学、计算机科学、认知科学等相关学科。内容包括基础理论与应用研究、具体讨论检索技术的文本处理、专家系统、人机界面、多媒体技术、数据处理与评价技术以及情报网络管理等方面的问题。

三、《情报学杂志》（双月刊）

（Journal of Information, 1979, Amsterdam: Published for the Institute of Information Scientists by the Worth-Holland Pub. Co.）

本刊内容涉及有关情报学各方面的理论与实践，包括知识与知识交流、情报源、情报管理、情报传播、情报技术的创新与转让等，涉及数字、语言和经济学等学科知识。编委会由世界各地的专家学者组成，因此，影响较大，其中一些文章被认为是情报学的权威之作。该刊公认为情报学领域的重要期刊，被 SSCI 等五种重要索引刊物收录。

四、《情报展望》（月刊）

（Information outlook, 1997, Washington. D. C.: The Association）

本刊是美国专门图书馆协会新出版的学术刊物，以取代两本传统的期刊《专门图书馆》和《专家》。美国专家图书馆协会努力使该刊成为一本活泼新颖、有趣味的相关出版物，同时研究的范围也更加广泛。

五、《图书馆学情报学文摘》（月刊）

（Library and Information Science Abstract, London: Library Association, 1969）

该刊是文摘月刊，简称 LISA，由英国图书馆协会于 1950 年出版，1968年以前称《图书馆学文摘》，1969 年以后改现名，并增加了情报学内容。是图书馆学情报学领域专业性、学术性、国际性最强的二次文献刊物。检索主题词分三级，有主题索引。目前，LISA 各印刷本、数据库和光盘，通过 SDC的 ORBIT 系统和 DIAIOG 系统，可进行联机检索（限 1969—1975 年）。1993 年发行的光盘 LISA Plus，收录了 1981 年以来用 30 多种语言出版的350 种期刊上的 10 万多条引文。

六、《情报学文摘》（双月刊）

（Information Science Abstracts, New York: Plenwn Publishing Corporation, 1966）

简称 ISA，收录文献学和情报科学以及与此相关的其他学科的文献。收录重点是期刊论文、书籍、会议录、技术报告，非连续性出版物、专刊、会议录所占的比例较大，所摘引的期刊达 300 种。被摘引的文献一般是两年内发表的。文摘正文按主题分类编排，后附主题索引、著者索引和连续数据（Continuity Data）。该文摘可通过 DIALOG 公司的系统进行联机检索，另有光盘版。

七、《情报学报》（月刊）

中国情报学界的最高学术刊物，为情报科学、信息管理、图书馆学领域的核心期刊，中国科技论文统计分析和中国社科论文统计分析的选用期刊。主要报道本学科领域的学术论文、研究报告和综述评论。内容包括：信息收集、加工、存储、检索、分析研究、传递与应用中的理论和方法；信息经济、信息产业、信息市场和用户研究；信息服务、信息工作的组织、管理和政策研究等。特别欢迎有实验研究、调查研究和定量分析和论文。

八、《管理工程学报》（季刊）

《管理工程学报》是由国家教委管理工程专业教学指导委员会出版委托浙江大学主办的全国唯一与管理工程学科领域相对口的学术性刊物，创刊于 1988 年，由全国高等院校有影响的管理科学与管理工程的专家组成编委会，领导该刊的编辑出版工作。设有论文、研究简报、外论评介等栏目。旨在反映我国管理科学、管理理论、管理教育及管理科研的最新成果，提出重大管理问题，引导我国管理工程的发展。

九、《管理科学与工程》

《管理科学与工程》是一本关注管理工程领域最新进展的国际中文期

刊,由汉斯出版社出版发行。主要反映本领域研究成果及其在生产实践中的应用成果,主要刊登管理工程与科学方面的学术论文、成果报道及评述。旨在为了给世界范围内的科学家、学者、科研人员提供一个传播、分享和讨论管理工程领域内不同方向问题与发展的交流平台。

十、《电子与信息学报》(月刊)

由中国科学院主管,中国科学院电子学研究所和国家自然科学基金委员会信息科学部主办的国家权威学术期刊。原名《电子科学学刊》,2001年更名。它是电子科学与信息技术高级综合性学术刊物,主要反映我国电子科学与信息技术的最新研究成果和技术进展。

第四节　专业相关网站介绍

一、哈工大社会计算与信息检索研究中心(http://ir.hit.edu.cn)

哈工大社会计算与信息检索研究中心(HIT—SCIR)成立于2000年9月,隶属于计算机科学与技术学院。研究方向包括社会网络、用户分析、问答系统、信息抽取、情感分析和语言分析六个方面。研究中心已完成和正在承担的国家自然科学基金重点项目、国家863重点项目、国际合作、企业合作等课题有50余项。在这些项目的支持下打造出"语言技术平台LTP",并给400多家研究机构免费共享和百度、腾讯、华为、金山等企业付费使用,获2010年钱伟长中文信息处理科学技术一等奖。研究中心坚持理论研究与技术开发互动同步发展的原则,一方面在向技术极限挑战的过程中撰写高质量的论文,一方面将陆续完成的阶段性成果适时地转化为实用技术。研究中心近年来发表论文100余篇,其中在 ACL、SIGIR、IJCAI、EMNLP 等顶级国际学术会议上发表20余篇论文;积极参加国内外技术评测,并取得优异成绩,包括国际 CONLL'2009 七国语言句法语义分析评测总成绩第一名。同时通过与企业合作,采取将技术嵌入企业的产品中的方式,实现研究的价值,其中双语例句检索等一批技术已陆续转化到金山词霸产品中。目前研究中心有 17 名博士生,20 名硕士生,学生中曾有 3 人获微软学者奖学,2 人获汉王青年学者奖,多人次获得国家奖学金、美国数学建模竞赛奖、IBM 奖学金、计算机世界奖学金等。

二、中国科学技术情报学会竞争情报分会(http://www.scic.org.cn)

中国科学技术情报学会竞争情报分会,对外亦称中国竞争情报研究会(Society of Competitive Intelligence of China,SCIC),是经中国科协批准,民政部登记,于 1995 年 4 月成立的全国性竞争情报从业者的学术性群众团体,是中国科学技术协会的组成部分。现拥有 289 家团体会员单位,911 名个人会员,涵括了全国行业情报信息机构、地方省市情报机构、企业与院校等情报研究和信息咨询人员 20 000 多人。主要组织竞争情报理论和实践的学术研究和交流活动、普及竞争情报知识、传播竞争情报技能、开展竞争情报咨询服务,帮助企业获得竞争优势、发展国际竞争情报的合作与交流、维护竞争情报从业者的合法权益、奖励优秀论文和优秀人才、编辑出版竞争情报学术书刊和科普读物。分会成立以来,开展了一系列有影响力的学术交流、普及培训和咨询服务活动,其中"中国竞争情报年会"、"春之声沙龙"、"走进企业——最佳实践与现场交流"等活动已经打造成为业界品牌受到广泛关注和参与;牵头出版 11 部竞争情报专著;与美、日、法、德、加拿大、巴西等 8 个国家的竞争情报专业组织建立了合作关系,为提高我国企业竞争力,加速发展信息咨询业做出贡献。

三、e 线图情(http://www.chinalibs.net)

e 线图情是面向图情界、图情理论界、图情教学界、图情协会界以及图情企业界和个人提供集数据库服务、深度研究、专业咨询于一体的专业网站,囊括了数字图书馆领域中理论、技术、产品、市场、协会等各个方面的内容。

它是图情界进行数字图书馆建设不可缺少的智囊。主要设学者、聚焦、海外、国内、热点、专题、论文等版块，包括风云人物、行业聚焦、新馆写真、国际动态、图情要闻、国际图联、国际会议、国内会议、e 线速递、雷速动态、图情人物、产品市场、行业协会、图情机构、馆刊集萃、理论技术、研究报告、图书馆建设等栏目。旨在介绍最新最详细的图书馆学、情报学领域的知识动态和学术研究，为学科发展提供翔实有效的趋势说明。

参考文献

［1］ 朱庆华.信息分析：基础、方法及应用［M］.北京：科学出版社，2004

［2］ 党跃武，谭祥金.信息管理导论.第2版［M］.北京：高等教育出版社，2006

［3］ 乔好勤.信息管理学研究方法导论［M］.北京：北京图书馆出版社，2007

［4］ 邱均平.信息计量学［M］.武汉：武汉大学出版社，2007

［5］ 拉尔夫·泰勒主编；罗康，张阅，译.课程与教学的基本原理（英汉对照版）［M］.北京：中国轻工业出版社，2008

［6］ 黄梯云.管理信息系统.第4版［M］.北京：高等教育出版社，2009

［7］ 娄策群.信息管理学基础（第2版）［M］.北京：科学出版社，2009

［8］ 张士玉.信息管理与信息系统专业导论教程［M］.北京：清华大学出版社，2009

［9］ 《中国大百科全书》总编委会.中国大百科全书.第2版［M］.北京：中国大百科全书出版社，2009

［10］ 艾伦·C.奥恩斯坦，弗朗西斯·P.汉金斯.课程论：基础、原理和问题.第5版［M］.北京：中国人民大学出版社，2010

［11］《中国情报学百科全书》编委会.中国情报学百科全书［M］.北京：中国大百科全书出版社，2010

［12］教育部高等学校管理科学与工程类学科专业教学指导委员会，国际信息系统协会中国分会.中国信息系统学科课程体系2011［M］.北京：清华大学出版社，2011

［13］马费成，宋恩梅.信息管理学基础案例与实验教程［M］.武汉：武汉大学出版社，2012

［14］沈固朝，施国良.信息源和信息采集［M］.北京：清华大学出版社，2012

［15］张基温，史林娟，张展为，等.信息化导论［M］.北京：清华大学出版社，2012

［16］中华人民共和国教育部高等教育司.普通高等学校本科专业目录和专业介绍（2012年）［M］.北京：高等教育出版社，2012

［17］余扬.高考专业报考全新导读（经、管、农、医）——解读教育部本科专业最新目录［M］.陕西：西安电子科技大学出版社，2013

［18］邱均平,赵蓉英,李小涛,等.中国大学及学科专业评价报告（2014-2015）［M］.北京：科学出版社,2014

［19］岳剑波.信息主管（CIO）在企业信息化浪潮中的地位与作用［J］.情报资料工作,1999,（3）：38-41

［20］孙风梅,李月诚.谈谈医学院校信息管理与信息系统专业的学科建设［J］.图书情报知识,2003,（2）：33-34

［21］王守宁,司光昀.我国CIO现状及发展研究［J］.情报科学,2004,22（6）：757-764

［22］赵玉虹,侯跃芳.信息管理与信息系统（医学）专业课程体系改革思路［J］.中国高等医学教育,2005,（5）：51-53

［23］李松涛.医学信息管理专业学生的培养方式［J］.医学信息（西安上半月）,2006,19（9）：1538-1539

［24］郑荣,靖继鹏,周志强.基于多学科融合的信息管理与信息系统专业教育体系构建研究［J］.情报科学,2006,24（1）：8-11

［25］陈传夫.专题：iSchool运动与图书馆学情报学教育变革［J］.图书情报工作,2007,51（4）：5

［26］任宏德.信息管理与信息系统专业实践能力培养的研究［J］.科技信息（科学教研）,2007,（11）：315-316

［27］叶明全,吴少云.信息管理与信息系统（医学）专业课程体系设置［J］.医学信息学杂志,2007,28（5）：524-526

［28］殷晓永,杨帆,韩永胜.优化信管专业课程设置促进创新人才培养［J］.中国管理信息化（综合版）,2007,10（1）：2-3

［29］付兴奎.信息管理与信息系统专业的兴起及其学科体系的构建［J］.现代情报,2008,28（11）：62-66

［30］Michael D. Myers,黄彦.走向成熟：信息系统学科的演变［J］.信息系统学报,2008,2（2）：110-117

［31］孙扬波,赵臻,陈达,等.医学院校信息管理与信息系统专业实践教学模式探讨［J］.湖北中医学院学报,2008,10（1）：69-70

［32］宛楠.医学信息管理专业教育现状和改革设想［J］.医学信息（上旬刊）,2008,21（5）：647-650

［33］于丽娟.信管专业应用型人才培养综合性课程构建［J］.中国管理信息化,2008,11（18）：4-5

[34] 谷震离. 信息管理与信息系统专业建设与人才培养[J]. 广东技术师范学院学报（自然科学版），2010，31（9）：55-57

[35] 张斌，曹力，孙文杰. 学习方法漫谈[J]. 中国电力教育，2010，（30）：91-93

[36] 李莹，常金良，马宝英. 医学院校信息管理与信息系统专业实践教学中的问题与对策[J]. 西北医学教育，2011，19（5）：916-917

[37] 吴磊，李舒. 论中医院校信息管理与信息系统专业人才的培养[J]. 医学信息，2011，24（13）：4067-4068

[38] 赵泉. 对信息管理与信息系统专业定位的思考[J]. 中国管理信息化，2012，15（1）：80-81

[39] 梅松青，周洪建，曾莉. 医学院校信息管理与信息系统新专业建设探讨[J]. 现代计算机（中旬版），2013，（8）：32-34

[40] 王玮，夏辰安，董小英等. CIO，大家熟悉吗？[J]. 国企，2013，（10）：112-115

[41] 张智兵. 中医院校信息管理与信息系统本科专业教育研究[D]. 湖北中医药大学硕士学位论文，2013

[42] 王晓光. 范式通约：信息管理学科三大范式的互动及其未来发展 [EB/OL]. [2014-7-11]. http://blog.sciencenet.cn/home.php?mod=space&uid=67855&do=blog&id=747422

[43] ALA. Accredited Library and Information Studies Master's Programs from 1925 through Present[EB/OL]. [2014-7-11]. http://www.ala.org/accreditedprograms/directory/historicallist

[44] 中华人民共和国国家卫生和计划生育委员会. 2011 中国卫生统计年鉴. [EB/OL]. [2014-7-12]. http://www.nhfpc.gov.cn/htmlfiles/zwgkzt/ptjnj/year2011/index2011.html